Erica Bänziger Ruth Bossardt

Blütenküche

60 blumige Rezepte
50 Blütenporträts

Lektorat Léonie Schmid

Gestaltung FonaGrafik, Lea Spörri

Bilder Einführung Andreas Thumm, Freiburg i. Br.: alle Bilder, außer Seiten 13/Borretsch, 19/Falscher Safran, 21/Flieder und Funkie, 27/Kamelie, 33, 35/Nachtkerze, 37/Ringelblume, 39/Schlüsselblume, 35/Malve, 45/Waldmeister, 47/Zitronenblüte, 53/Robinie (FloraFoto, Langenhagen/D); 15 Chrysantheme (Wikipedia/Photo2222); 29/Federkohl (Wikipedia/Magnus Manske); 39/Ananassalbei (Wikipedia/Eric Hunt); 19/Estragon, 25/Goldmelisse und Ingwer, 39 Salbei und Muskatellersalbei, 45/Veilchen und Verveine, 49/alle ausser Basilikum, 51 (Beat Ernst, Basel); 49/Basilikum (thinkstock)

Foodbilder Andreas Thumm, Freiburg i. Br.

Druck Druckerei Uhl, Radolfzell

ISBN 978-3-03780-573-2

DANKE / GRAZIE

Dass es so ein buntes Blütenbuch werden konnte, dazu war ich auf die Hilfe von Freunden und Bekannten angewiesen, die mir immer wieder mit Setzlingen und Blumen aus ihrem Garten unter die Arme griffen.

Speziell danken möchte ich Annafried Widmer-Kessler, die das Buch anregte, aber nicht selber realisieren konnte. Ihr verdanke ich auch einige Rezepte.

Ein besonderer Dank geht an meinen Gärtnerfreund Marc Buchwalder und seine Lebenspartnerin Naomi Zangger, die mir ihre Küche und ihren wunderbaren Garten für das Fotoshooting zur Verfügung gestellt haben. Es waren unvergessliche Tage.

Andreas Thumm, der Foodfotograf, hat die blumigen Rezepte mit dem Tessiner Sonnenlicht wunderbar verschmolzen.

Erica Bänziger

Hauptspeisen

Desserts

Getränke

Basics

Anhang

Wo nicht anders vermerkt, sind die Rezepte für 4 Personen berechnet.

Frühling ist! Winter adieu. Die schon langersehnte Gartensaison kann beginnen. Das Glücksgefühl, welches das zarte Grün und jede mir zuwinkende Blüte auslösen, ist unbeschreiblich. Jeder Gartenfreund wird kribbelig, wenn er wieder in seinem kleinen Paradies aktiv werden kann und jeden Tag etwas Neues entdeckt. Vergessen ist der lange Winter, wenn der Frühling kommt und alles sprießt und blüht. Mit den Blüten setzt sich die Vegetation gleich selber tausendfach die Krone auf. Sie sind etwas vom Schönsten, was uns Mutter Natur jedes Jahr aufs Neue schenkt.

Ohne Blüte ist nur in seltenen Fällen eine Fruchtbildung möglich. Auch für Samen braucht es fast immer Blüten. Darum lasse ich von allen Gemüsesorten eine Pflanze blühen; erstens sieht das dekorativ aus, zweitens kann ich Samen gewinnen und drittens kann ich die Blüten der Gemüsepflanzen kulinarisch nutzen, sofern sie gut schmecken.

Essbare Blüten begleiten mich seit dreißig Jahren. Erste Speisen dekorierte ich blumig in einem Kurhaus in Engelberg, wo ich als Ernährungsberaterin arbeitete. Die Blumen erntete ich in einem großen Kräuter- und Gemüsegarten, den ich mit großer Freude pflegte. Damals waren Blütendekorationen noch nicht so sehr in Mode, geschweige denn das Essen derselben. Nicht wenige Gäste staunten ob der bunt dekorierten Teller.

Die Augen für die Blütenwelt hat mir Christel Kurz geöffnet, eine faszinierende Frau, die in Bischofswiesen (D) ein Kurhaus führt. Liebe Christel, herzlichen Dank! Das Blütenvirus war echt ansteckend und hat mich nicht mehr losgelassen.

Essbare Blüten liegen im Trend. Und trotzdem erlebe ich immer wieder, dass das Essen von Blüten bei vielen Menschen auf Skepsis stößt und Fragen aufwirft. Es ist für viele nach wie vor gewöhnungsbedürftig, wenn ich im Garten von Freunden eine Taglilie pflücke und sie genüsslich esse. Selbst befreundete Gärtner staunen. Sie kennen zwar die Gartenblumen, wissen aber nicht, welche man essen darf. Neu ist die Erkenntnis, dass viele Blüten essbar sind.

Als mir das Buchprojekt anvertraut wurde, war ich gleich begeistert. In einer fantastischen Sonderschau zum Thema «Essbare Gartenblumen» auf Schloss Wildegg lernte ich viele neue essbare Blüten kennen, die ich früher nicht zu essen wagte, etwa Begonien, Nelken, Salbeiarten, Ingwerblüten. Noch im gleichen Jahr habe ich in meinem Garten «Inventur» gemacht. Zwar hatte ich schon viele Blütenpflanzen, aber längst nicht alle. Möglichst viele sollten ein Plätzchen bekommen. Damit war ich für die Realisierung dieses Buches gut gewappnet: Bewährte alte Rezepte wurden ausprobiert und abgewandelt, neue entstanden. Es wurde eifrig degustiert. Bei manchen essbaren Blüten hielt sich die Begeisterung in Grenzen, denn nicht alles, was essbar ist, schmeckt. Natürlich gab es unter den Newcomern zahlreiche Blüten, die ein Glücksgefühl auslösten. Die Quintessenz: Es gibt viele essbare Blüten, aber nicht alle sind es wert, verspeist zu werden. Diese Blüten verwende ich weiterhin als Dekoration und lasse sie ohne schlechtes Gewissen auf dem Teller liegen. Einige davon schmecken eingezuckert sehr fein. Beim Kochen mit Blüten darf und muss man tüfteln. Am besten beißt man als Erstes einfach mutig hinein.

Wenn Sie mit diesem Buch vom Blütenvirus angesteckt werden, freut mich das. Mein Wunsch ist, dass die Menschen wieder vermehrt den Wert von Blüten und Blumen als Genussmittel auf dem Teller kennenlernen und das uralte Wissen damit erhalten bleibt. Kinder haben übrigens an den bunten Blüten ihre helle Freude und sind fantasievolle Dekorateure. Freunde und Bekannte können mit farbigen Blütenkreationen immer wieder aufs Neue überrascht werden. Was gibt es Schöneres, als mit Blumen in eine Party einzusteigen?! Für Gesprächsstoff ist in jedem Fall gesorgt.

Ich wünsche allen blütenreiche Happenings und viel Freude an dieser kreativen Art des Kochens.

Erica Bänziger

Es ist eine alte Wahrheit, dass die Augen mitessen. Wenn auf dem Teller etwas undefinierbar Graues liegt, stochert man lustlos darin, mag es auch noch so köstlich riechen und schmecken. Hier spielen Blüten ihren ersten Trumpf aus, denn es gibt sie in den vielfältigsten Farben und Formen. Einige riechen zudem verführerisch gut, andere entfalten ihren Geschmack beim ersten Biss.

Wir importieren exotische Früchte aus aller Herren Länder, dabei genügt oft ein Gang in den Garten oder auf den Balkon, und schon hat man einen exotisch anmutenden Leckerbissen auf dem Teller. Die bezaubernden Blüten schmecken oft ausgezeichnet, mal scharf und kresseartig, mal pfefferig oder nach Pilzen. Sie bringen Abwechslung und Vielfalt auf den Teller und sind in jedem Fall eine köstliche Bereicherung.

Reine Nutzgärten zur Selbstversorgung werden immer rarer, im urbanen Raum sind die Gärten meist sehr klein, die Landpreise umso höher. In seinem Gärtchen möchte man dann vor allem ästhetisch ansprechende Pflanzen kultivieren. Und trotzdem muss man nicht auf seinen Nutzgarten verzichten.

Mit etwas Geschick kann man nämlich zwei Fliegen auf einen Streich schlagen, indem man Pflanzen auswählt, die schön sind und auch noch gut schmecken. So lassen sich Augenschmaus und Gaumenfreude leicht verbinden. Es gibt eine stattliche Anzahl solcher Pflanzen. Und viele von ihnen lassen sich in Töpfen und Balkonkistchen ziehen. Das gibt einem bei unerwarteten Gästen zudem die Möglichkeit, einen Salat besonders zu dekorieren.

Ruth Bossardt

Botanik und Geschichte

EIN BLICK IN DIE GESCHICHTE

Essbare Blüten erleben eine Renaissance. In den Gourmet-Restaurants werden die Teller mit Blüten dekoriert, die man essen kann. Essbare Blüten bekommt man auf dem Wochenmarkt, in der Markthalle und im Feinkostladen.

Schon viel früher wurden in der Küche Blüten verwendet, das Wissen ist bloß etwas in Vergessenheit geraten. Die alten Römer schwelgten in Rosen, besonders gegen Ende des Römischen Reiches. Bei luxuriösen und lukullischen Gelagen durften Rosen nicht fehlen. Dabei wurden mitunter die ausgesuchtesten Speisen nicht nach ihrem Wohlgeschmack bewertet, sondern nach der Schwierigkeit der Beschaffung. Rosen im Winter auf der Tafel war ein Zeichen von Noblesse. Sie stammten aus Spanien, Ägypten oder gar aus Indien. Mit den Rosen ging man verschwenderisch um, Tische und Böden wurden mit Rosenblättern bestreut, aber auch in der Küche kamen sie ausgiebig zum Einsatz. Rosenpudding, Rosenhonig, Rosenkleingebäck gehörten dazu, die Rose wurde als Gewürz verwendet, der Wein mit Rosenblättern bestreut, es gab auch Rosenwein. Nicht zuletzt wurde in Rosenwasser gebadet. Kaiser Heliogabal verbesserte den Rosenwein durch Beigabe von Pinienzapfen. Er ließ Fischteiche mit Rosenwein füllen, badete darin und verschenkte danach den Wein an das Volk. Heliogabal ließ in einem großen Speisesaal heimlich eine umkippbare Decke einbauen und lud bald darauf zum Festmahl. Die Türen wurden von außen verschlossen, ein Hebel betätigt, und die Decke begann zu kippen. Ein Guckloch ermöglichte Heliogabal den Blick in den Saal. Von der kippenden Decke rieselten Hunderte von Blüten auf den Boden, Veilchen und Rosen, ein wunderbarer Duftregen ging auf die jubelnden Gäste nieder. Aus Hunderten wurden Tausende von Blüten, ein unermessliches Blütenmeer reichte den Gästen bis zum Hals und deckte sie schließlich ganz zu. Panik brach aus, manche Gäste bekamen keine Luft mehr und erstickten in der Blütenflut.

Rosenblüten wurden zu allen Zeiten und von vielen Völkern genutzt. Aus den bulgarischen Damaszenerrosen stellte man Rosenöl und Rosenwasser her. In der arabischen Küche wird seit jeher mit Rosen und Rosenwasser gekocht. Auch in nördlicheren Gefilden kannte man die Rose. Die alten Germanen würzten ihren Met, den Honigwein, mit Blüten von Mädesüß. Der darin enthaltene Wirkstoff Salicyl dürfte geholfen haben, dass die Menschen nach einem Gelage am nächsten Tag nicht zu stark unter Kopfschmerzen litten. Der Name Mädesüß hat nichts mit einem «süßen Mädchen» zu tun, sondern mit «Met-Süß».

Beim Blättern in alten Kochbüchern aus dem Mittelalter und der Renaissance stößt man auf Rezepte für Rosenmus und Veilchenkonfitüre. Die Speisen wurden mit Kornblumen und Veilchen blau, mit Safran gelb gefärbt. Man stellte mit Veilchen auch eine Art Marzipan her. Dazu kochte man sie in Honig, legte sie in Öl ein und verarbeitete sie mit Mandeln und Rosenwasser zu einer Paste. Likör mit Rosen- oder Orangenwasser dürfte gemundet haben, ebenso Wein mit Löwenzahn, Rotklee oder Holunderblüten. Das Einzuckern/Kandieren war eine beliebte Art, Blüten von Orangen, Veilchen oder Nelken haltbar zu machen. Die Damen liebten es in England zu viktorianischen Zeiten, eingezuckerte Veilchen zu naschen. In der Veilchenstadt Toulouse (F) gibt es Veilchenspezialitäten.

Schon immer wurden auch andere Blüten oder Blütenteile genutzt respektive gegessen. Etwa die Gewürznelken oder die Kapern, beides Blütenknospen. Es sei daran erinnert, dass es auch unter den Gemüsen Knospen gibt, so den Blumenkohl, den Brokkoli oder die Artischocken. Mit den gelben Staubblättern des Safrans werden Speisen gewürzt und gefärbt, ein günstiger Ersatz waren Ringelblumenblüten und Saflor. Mit schwarzen Stockrosenblüten wurde der Wein dunkel gefärbt und mit Muskatellersalbei parfümiert. Holunderblüten wurden für Sirup verwendet. Zahlreiche Blüten von Wildblumen sammelte die Landbevölkerung für Teemischungen, so etwa Schlüsselblumen, Kornblumen, Mohn oder Goldmelisse. Mit gezuckerten Veilchenblüten dekorierte man Desserts. In England wurden im Mittelalter häufig Veilchenblüten für Suppen, Saucen und Desserts verwendet. Die Gänseblümchen waren im Mittelalter ebenfalls hoch geschätzt. In Wein gedünstet, sollten sie die Leber kühlen und die innere Hitze löschen.

BLÜTEN IN DER KÜCHE ANDERER LÄNDER

Die Chrysanthemen stammen aus China. Bereits Konfuzius kannte sie. Ihr Genuss in Tee oder Reiswein versprach ein langes Leben. Sie wurden auch in Japan und Korea verwendet. Speisechrysanthemen (Chrysanthemum coronarium) findet man in Asien häufig auf dem Markt, die jungen Blätter mit ihrem nussig-milden Geschmack genauso wie die Blüten. Sie werden gedünstet oder frittiert. Auch Taglilien haben in der Küche Ostasiens Tradition. Sämtliche Teile der Pflanze sind essbar, die jungen Triebspitzen werden als Gemüse gegessen. Sie können auch blanchiert und tiefgekühlt werden. Taglilienknospen enthalten viel Vitamin A und C.

Die Indianer in Mexiko bereiteten Eintöpfe mit Yuccablüten und Fleisch zu. Die Agave war ein wichtiges Nahrungsmittel bei den indigenen Völkern in der Wüste und auch den Azteken wohl bekannt. Aus den cremeweißen Blüten der Agave mexicana wurde ein schmackhaftes Gemüse zubereitet. Oder die Blüten wurden getrocknet und in Honig kandiert. Die Goldmelisse mit den roten, nektarreichen süßen Blüten ist bei den Indianern Nordamerikas seit langem als Tee beliebt.

Andere Länder, andere Sitten? Man braucht nur einen Blick nach Italien und Frankreich zu werfen, wo Zucchiniblüten in der Küche sehr beliebt sind und vielseitig verwendet werden.

ACHTUNG, GIFTPFLANZEN!

Blütennaschen macht Spaß. Man entdeckt seinen Garten neu und ist beeindruckt von den zahlreichen speziellen Geschmacksnoten von beliebten Gartenblumen. Degustieren ist erlaubt. Dennoch gilt es, einige Regeln zu beachten, denn es gibt auch giftige Pflanzen im Garten. Die Giftigkeit einer Pflanze ist nicht ganz einfach zu beurteilen. Nicht bei jeder Giftpflanze sind alle Pflanzenteile gleich giftig. Auch Tomaten sind eigentlich giftig, wenn wir nicht ausgereifte Früchte essen, ebenso Kartoffeln, wo bloß die Knollen essbar, die Blätter, Blüten und Früchte hingegen giftig sind. Die Gefahr einer Vergiftung mit essbaren Blüten ist allerdings klein, da man diese meist nicht in Massen verzehrt. Trotzdem gibt es

Pflanzen, bei denen es heißt: «Hände weg!» Essen Sie nur Blüten von Pflanzen, die Sie kennen und von denen Sie wissen, dass es keine Giftpflanzen sind. Giftige Pflanzen sind beispielsweise Eisenhut (Aconitum sp.), Seidelbast (Daphne mezereum), Ricinus (Ricinus communis), Oleander (Nerium oleander), Wolfsmilcharten (Euphorbia sp.), Kornrade (Agrostemma githago), Herbstzeitlose (Colchicum sp.), Akelei (Aquilegia sp.), Fingerhut (Digitalis sp.), Maiglöckchen (Convallaria majalis), Rhododendren, Azaleen, Narzissen (Narcissus), Hyazinthen (Hyacinthus), Glyzinien (Wisteria sp.). Ebenfalls giftig sind Schwertlilien (Iris sp.), Anemonen und Christrosen. Es gibt zudem Heilpflanzen wie Arnika, deren Blüten man ebenfalls nicht essen sollte.

In diesem Buch wird auch mit Blüten von Tulpen, Jelängerjelieber und Robinien gekocht. Auch hier handelt es sich um giftige Pflanzen, wobei die Giftstoffe sich nicht in den Blüten, sondern in anderen Pflanzenteilen konzentrieren.

Es gibt unproblematische Pflanzenfamilien, aber auch solche, bei denen es unzählige Giftpflanzen gibt. Jede Pflanzenfamilie hat ihre Spezialität. Die Lippenblütler sind harmlos. Sie zeichnen sich zudem durch einen hohen Gehalt an ätherischen Ölen aus. Viele Küchenkräuter gehören in diese Familie, so Rosmarin, Oregano, Lavendel, Bohnenkraut. Gefährlich sind Hahnenfuß-, Wolfsmilch- und Nachtschattengewächse. Hier gibt es viele teils sehr giftige Pflanzen, etwa Tollkirsche, Engelstrompete, Bilsenkraut, Eisenhut. Daneben gibt es Pflanzenfamilien mit vielen essbaren Nutzpflanzen, aber auch gefährlichen Giftpflanzen. Bei den Doldengewächsen beispielsweise essen wir Karotten und Fenchel oder Petersilie und Dill, daneben gibt es die Hundspetersilie (Aethusa cynapium) oder den Gefleckten Schierling (Conium maculatum), welche gar nicht harmlos sind und leicht mit den genießbaren Pflanzen verwechselt werden können.

ERNTE UND BEZUGSQUELLEN

Nicht alle sind in der glücklichen Lage, einen Garten zu besitzen. Doch auch auf dem Balkon kann man in Töpfen und Kistchen zahlreiche Pflanzen mit essbaren Blüten kultivieren. Nicht zuletzt gibt es auch im Handel essbare Blumen. Auf Wochenmärkten bieten Biobauern ab und zu Blüten an. Abzuraten ist vom Kauf von Blüten im Blumengeschäft. Häufig kommen die Blumen aus fernen Ländern und sind mit Pflanzenschutzmitteln behandelt. Man muss die Gewissheit haben, dass die essbaren Blumen nicht mit Pestizid behandelt wurden!

Am besten schmecken die Blüten natürlich frisch aus dem eigenen Garten. Der optimale Erntezeitpunkt ist am Vormittag, ohne Tau und vor starker Sonneneinstrahlung. Die gepflückten Blüten möglichst rasch verarbeiten und essen. Blüten, die unweit des Bodens gepflückt werden, sollten gut gewaschen werden. Das Risiko, dass sie mit dem Fuchsbandwurm infiziert sind, ist zwar gering, aber nicht auszuschließen. Je nach Blütenart muss man die grünen Blütenteile entfernen, also die Kelchblätter und eventuell Teile des Stiels. Auch Stempel und Staubblätter entfernt man meist bei größeren Blüten vorsichtig. Bei Ringelblumen zupft man die Blütenblätter ab und verwendet nur diese, ebenso bei Dahlien. Bei Rosen entfernt man den bitter schmeckenden weißen Teil am Ansatz des Blütenblattes. Die Blüten schmecken am besten im Knospen- oder im frisch aufgeblühten Stadium, später können sie bitter sein.

DAS HALTBARMACHEN VON BLÜTEN

Blüten können haltbar gemacht werden, indem man sie trocknet, einzuckert/kandiert, in Essig oder Öl einlegt, daraus Gelee, Konfitüren oder Sirup herstellt. Auch Wein und Schnaps können mit Blüten angereichert werden, so entstehen Blütenweine respektive Blütenschnäpse. Auch Zucker und Salz können mit Blüten parfümiert werden. Eine weitere Möglichkeit ist das Konservieren/Haltbarmachen in Wasser respektive Eis. Die attraktiven Eiswürfel sind beliebt für coole Drinks. Die Taglilienblüten können sogar tiefgekühlt werden.

Essbare Blüten

BEGONIE, KNOLLEN-

Begonia-Tuberhybrida-Gruppe,
Begonia sp.
Begoniaceae

Im Garten ist die Begonie (Semperflorens-Gruppe) eine beliebte Randbeetpflanze. Knollenbegonien (Begonia-Tuberhybrida-Gruppe) gehören zu den typischen Balkon- und Ampelpflanzen. Die feinen Blüten der Begonia-Tuberhybrida-Gruppe sind einiges größer als die der Randbeetpflanzen. Das Farbspektrum ist groß. Essbar sind alle Blüten, auch jene der Topfpflanzen.

Kultur Die Anzucht von Randbeetpflanzen lohnt sich kaum, besser kauft man Jungpflanzen auf dem Markt. Man pflanzt sie sonnig bis (halb) schattig. Sie werden bei uns einjährig kultiviert.
Die Knollenbegonien (Begonia-Tuberhybrida-Gruppe) wachsen aus einer Knolle. Sie lieben einen halbschattigen bis schattigen Standort, zum Beispiel in Töpfen oder in Balkonkistchen.

Blütezeit Mai bis Oktober

Besonderes Auch die Blüten anderer Begonienarten sind essbar.

Blütenschmaus Es gibt weiße, rosa- und lachsfarbene, rote und sogar gelbe Blüten. Sie sind knackig und haben einen guten Biss und eine säuerliche Note. Nicht zu viele Blüten essen, sie enthalten Oxalsäure. Blüten mit Früchten kombinieren, sie passen auch zu Salaten und können wie Veilchen eingezuckert werden. Hübsche Dekoration für Kuchen, Fruchtsalat und Desserts allgemein.

BORRETSCH

Borago officinalis
Boraginaceae

Der Borretsch ist raschwüchsig und versamt zudem leicht. Die Pflanze kann ziemlich stattlich und ausladend werden. Typisch sind die borstig behaarten Blätter.

Kultur Der Borretsch braucht eher feuchten und nahrhaften Boden. Die Pflanze ist einjährig. Aussaat ist von April bis Juli.

Blütezeit Juni bis zum ersten Frost

Verwendung allgemein Die jungen Blätter werden als Küchenkraut und Gemüse verwendet. Weil die Blätter nach Gurke duften, wird die Pflanze auch Gurkenkraut genannt. Von den Blättern sollte man nicht zu viel essen. Borretsch ist in Gesichtswässern und Reinigungsmilch enthalten. Das in den Samen enthaltene Öl enthält viele ungesättigte Omega-6-Fettsäuren, insbesondere Linolsäure und Gamma-Linolensäure.

Besonderes Bienenpflanze. Nebst dem blau blühenden Borretsch gibt es auch eine weiß blühende Sorte. Der mehrjährige Borretsch (Borago pygmaea) ist ebenfalls essbar.

Blütenschmaus Die sternförmigen Blüten werden zum Dekorieren von Drinks, Salaten und anderen Gerichten verwendet. In Eiswürfeln sehen die Blüten sehr attraktiv aus. Man kann sie auch zum Blaufärben von Essig verwenden.

Begonie

Borretsch

CHRYSANTHEME, SPEISE-

Tanacetum coronarium
Asteraceae

Die Japaner verwenden in der Küche nebst der Speisechrysantheme auch die erst im Herbst blühenden Hybrid-Züchtungen mit den großen, gefüllten Blüten.

Kultur einjährig, wird im März/April oder Juni/Juli für die Herbsternte ausgesät

Blütezeit Juni bis September

Verwendung allgemein Junge (!) Blätter roh oder blanchiert für Salate oder als Spinat. Sie haben ein zartes Sellerieаroma.

Besonderes Die Pflanze ist reich an Vitamin C und Mineralstoffen, insbesondere an Eisen.

Blütenschmaus Die Blütenblätter eventuell ein paar Sekunden in sehr warmem, gesalzenem Wasser einlegen, damit sie die Bitterkeit verlieren. Kleine Blütenköpfe eine Minute in kochendem Wasser blanchieren, mit Salz und Ingwer würzen, zu Reis servieren. Blüten im Ausbackteig frittieren. Oder Suppen und Salate mit gelben Blütenblättern dekorieren, die einen angenehmen herben Geschmack haben. Chrysanthemen werden traditionell für Wok-Gerichte verwendet. Getrocknete Blüten werden in Asien für Tees verwendet.

COSMEA, SCHMUCKKÖRBCHEN

Cosmos bipinnatus,
C. atrosanguineus
Asteraceae

Die Cosmeen gehören mit ihren großen Blüten zum reich blühenden Sommerflor.

Kultur Einjährig als Sommerblume. C. atrosanguineus ist mehrjährig, die Knollen wie die von den Dahlien frostfrei überwintern.

Blütezeit Juni bis Oktober

Verwendung allgemein Sommerflor

Besonderes Die Blüte von C. atrosanguineus riecht nach Schokolade und wird deshalb auch Schokoladenblume genannt.

Blütenschmaus Große, dekorative Blüten in Weiß, Rosa und Lila, auch in Braun (C. atrosanguineus).

DAHLIE (GEORGINE)

Dahlia x hortensis
Asteraceae

Die Dahlie stammt aus Mexiko und war schon bei den Azteken beliebt.

Kultur Die nicht winterharten Knollen Ende April bis Anfang Mai pflanzen. Die Dahlien müssen an einem Pfahl aufgebunden werden. Achtung: Schneckenfraß! Im Herbst die Knollen nach dem ersten Frost ausgraben, über den Winter kühl und frostfrei lagern.

Blütezeit niedrig wachsende Sorten ab Juni, höher wachsende Sorten ab Juli bis Oktober oder bis zum ersten Frost

Verwendung allgemein Schnittblume, dekorative Gartenblume

Besonderes Es gibt viele Sorten und unterschiedliche Blütenformen und Farben, darunter alte Sorten mit tellergroßen Blüten.

Blütenschmaus Die Blütenblätter haben einen würzig-säuerlichen Geschmack, aber nicht alle schmecken gleich gut. Einige haben einen bitteren Geschmack und riechen etwas penetrant. Am besten die Blüten probieren: Blütenblätter über den Salat oder ein belegtes Brötchen streuen.

Sorten Die hier erwähnten Sorten sind schmackhafter als andere. Allerdings können die Blüten der gleichen Sorte sehr unterschiedlich sein. Empfohlen werden eher großblumige Sorten mit großen Blütenblättern,

Chrysantheme
Cosmea
Dahlie

weil sie schmackhafter und zarter sind. Am besten entfernt man den Blütenblattansatz. Pompondahlien sind weniger zu empfehlen.

Normales Sortiment

— *Renato Tosio*, orange, pfeffrig
— *Micks Peppermint*, weiß, weinrote Streifen
— *Tomo*, violett, mit weißen Spitzen, angenehmer Geschmack
— *Arabian Night*, schwarz-rot, zu Tomatensalat oder Steak (saignant)
— *Gerrie Hoek*, rosa, mit gelber Mitte, dezent, große Blütenpetalen
— *Karma Serena*, cremeweiß, hellgelbe Mitte, dezent, mild
— *Rebbeccas World*, purpur mit weißen Blättchen, delikat
— *Alai Mimoun*, weiß, mit roten Streifen, Tipp!
— *Nuit d'été*, schwarz-rot, pfeffrig
— *Arc de Triomphe*, gelborange, große Blütenpetalen, für Safrangerichte, Melonen
— *Emory Paul*, bischofspurpur, riesige Blütenpetalen, spannender Geschmack
— *Superfine*, hellgelb

Neuheiten und Raritäten

— *Amoret*, schöne violette Farbe, lange Petalen, z. B. für Cassis-Desserts, exotischen Fruchtsalat, grünen Salat
— *Giraffe*, gelb-rosa, aparte Blüte, pfeffrig
— *Goliath*, tellergroße zitronengelbe Blüte, leicht süßlich, Tipp!
— *Karma Choc*, schwarzrot
— *Lover Boy*, dunkelrot, große Blütenpetalen
— *Spartacus*, dunkelrot, riesige Blütenpetalen
— *Ace Summerdawn*, helllila, weißer Grund, mild und süß
— *Yara Falls*, malvenfarbig, weiße Spitzen, riesige Blüten
— *Jamaica*, rot und weiß, für Salate

DUFTPELARGONIE

Pelargonium sp.
Geraniaceae

Duftgeranien gehören wie die Geranien in den Balkonkistchen zur Gattung der Pelargonien. Viele Wildarten haben duftende Blätter, wobei auch die Blüten manchmal duften. In der Küche können die Blätter und Blüten verwendet werden, Letztere insbesondere als Dekoration.
Zu den Duftgeranien gehören Pelargonium graveolens, P. odoratissimum, P. tomentosum, P. vitifolium usw.

Kultur Gleich wie die bekannten Geranien. Die Pflanze ist nicht frosthart, sie muss frostfrei überwintert werden.

Blütezeit nicht so reichblühend wie unsere bekannten Geranien P. zonale oder P. peltatum

Verwendung allgemein Die Blütenblätter enthalten ätherische Öle, die Insekten fernhalten. Geraniumöl kommt in der Kosmetik- und Lebensmittelindustrie und in der Aromatherapie zum Einsatz. Mit den vielgestaltigen Blattformen sind Duftpelargonien hübsche Kübelpflanzen für Balkon und Terrasse.

Blütenschmaus Dekorative und unterschiedlich große Blüten in den Farben Weiß, Rosa, von Pink bis Malvenrot, Purpurrot und gemischt. Die Blätter duften je nach Art nach Rose, Zitrone, Minze, Apfel, Moschus oder Muskat, Wermut oder Eberraute, einige auch eher unangenehm nach Kampfer oder gar Erbrochenem. Die Blüten haben einen zitronigen Geschmack.
Die duftenden Blütenblätter eignen sich für Sirup, Kuchen, süße Quiches, Kleingebäck und vieles mehr; immer gekocht verwenden.

Duftpelargonie

In Marokko kennt man das «Eau de fleurs de Géranium», das zum Aromatisieren von Desserts verwendet wird.

Sorten

— P. *Bolero*, große magentarote Blüte, schwarze Saftmale
— P. *Brillant*, kirschrote Blüte, dunkle Saftmale
— P. *Brunswick*, auffallend große magentarosa Blüte
— P. *Clorinda*, große altrosa Blüte mit zarten Saftmalen
— P. *Copthorne*, sehr große rosa Blüte, purpurne Saftmale
— P. *Graveolens*, kleine rosa Blüte, leider blühfaul, aus ihr wird das Geranienöl gewonnen
— P. *Prince of Orange*, zartrosa Blüte mit Saftmalen
— P. *Queen of Lemons*, rosa Blüten
— P. *Voodoo*, große samtig dunkelrote Blüte, schwarze Mitte

Am besten kauft man blühende Duftgeranien und kann sich so gleich von der Blüte und dem Duft überzeugen lassen!

ESTRAGON

Artemisia dracunculus
Asteraceae

Es gibt den Russischen oder Sibirischen Estragon und den Aromatischen oder Deutschen Estragon.

Kultur Mehrjährige Staude, die einen nicht zu trockenen Boden bevorzugt und auch im Halbschatten gedeiht.

Blütezeit August bis September

Verwendung allgemein Blätter und Triebspitzen für Salate, Saucen und Geflügel. Wichtiges Gewürz für Kräuteressig, Senf (Estragonsenf), zum Einlegen von Essiggurken und Cornichons.

Besonderes Der Aromatische Estragon ist anspruchsvoller, aber aromatischer und blüht kaum.

Blütenschmaus Die relativ unscheinbaren Blüten des Estragons erinnern an andere Wermutarten, schmecken aber nicht so bitter, sondern durchaus angenehm.

FALSCHER SAFRAN, SAFLOR

Carthamus tinctorius
Asteraceae

Der etwas in Vergessenheit geratene Falsche Safran ist vielseitig verwendbar, sei es als Schnittblume, Trockenblume oder als Färbepflanze.

Kultur einjährig, Aussaat April, wärmeliebend

Blütezeit Juli bis August

Verwendung allgemein Eine traditionelle Färbepflanze, wird auch Färberdistel genannt.

Besonderes Der Falsche Safran wird manchmal als echter Safran verkauft. Aus den Samen wird Distelöl gewonnen.

Blütenschmaus Die getrockneten gelborangen Blüten können zum Gelbfärben von Risotto und Kuchen verwendet werden. Neutraler Geschmack.

Estragon

Falscher Safran

FENCHEL

Foeniculum vulgare
Apiaceae

Wenn man den Gemüsefenchel nicht erntet, beginnt er wunderschön zu blühen, wie der Teefenchel, der mehrjährig ist und etwas Platz braucht.

Kultur Gemüsefenchel einjährig, Teefenchel mehrjährig

Blütezeit Juli bis September

Verwendung allgemein Gemüse, Gewürzkraut, Teepflanze

Besonderes Der Fenchel lindert Blähungen. Der dunkellaubige Teefenchel ist eine Zierpflanze.

Blütenschmaus Dolden oder einzelne Blüten. Schöner Anblick, riechen gut.

FLAMMENBLUME, PHLOX

Phlox paniculata
Polemoniaceae

Der Phlox ist eine alte Bauerngartenpflanze. Neben der bekannten Flammenblume gibt es auch weniger bekannte Phlox-Arten, die meist etwas weniger stark duften.

Kultur Mehrjährige Beetstaude, bevorzugt einen sonnigen Standort und frischen Boden. Der Phlox liebt kühle Frühsommernächte.

Blütezeit Juli bis September

Verwendung allgemein Staudenbeet

Besonderes «Ein Leben ohne Phlox ist ein Irrtum», dichtete einst der bekannte Staudenzüchter Karl Foerster. Phlox ändert seine Farbe zum Teil je nach Tageszeit und Licht.

Blütenschmaus Blüten in Blau, Rosa, Rot, Weiß, Dunkelviolett, auch Sorten mit Augen. Einige Sorten duften stark. Meist lieblicher Geschmack nach Lilie, Rose oder Veilchen, je nach Sorte jedoch auch herber. Die Blüten sind knackig und eignen sich zum Einzuckern, für Salate, zum Dekorieren von Desserts, Blütenbowlen und Torten.

FLIEDER

Syringa vulgaris
Oleaceae

Der Flieder ist eine alte Bauerngartenpflanze.

Kultur Kleiner Baum, der nicht zurückgeschnitten werden sollte. Die Blüten nach dem Verblühen entfernen, dies fördert den Blütenflor im folgenden Jahr.

Blütezeit Mai

Verwendung allgemein für Blumensträuße

Blütenschmaus Betörender Duft. Attraktive Blütenform, Blüten in Hell- und Dunkelviolett und Weiß. Zum Dekorieren von Süßspeisen, für Blütenessig und -sirup. Einzelne Blüten verwenden, nicht ganze Blütentraube.

FUNKIE / HOSTA

Hosta sp.
Hostacea

Es gibt eine stattliche Anzahl verschiedener Arten und Sorten mit unterschiedlichen Blattformen und -größen. Die Blattfarbe kann grün bis bläulich, gelb, weißgrün oder gelbgrün panaschiert sein.

Kultur Die Staude liebt Halbschatten. Achtung: Schneckenfraß!

Blütezeit je nach Art Juli oder August bis September

Verwendung allgemein Bodenbedecker

Besonderes stammt aus Japan

Blütenschmaus Die Blüten haben einen knackigen Biss, sie können violett, bläulich oder weiß sein. Sorten auf ihren Geschmack testen, einige haben einen zarten Honiggeschmack, andere sind weniger empfehlenswert. Sie eignen sich für Pickles, zum Frittieren (möglichst junge Blüten nehmen), Dämpfen und Dünsten und zum Einzuckern. Blütenknospen im Essigwasser spülen, trocknen und dann in Salz einlegen.

Fenchel

Flammenblume

Flieder

Funkie

GÄNSEBLÜMCHEN, MASSLIEBCHEN

Bellis perennis
Asteraceae

Das unscheinbare Gänseblümchen in der Wiese und im Rasen hat gezüchtete Verwandte mit gefüllten Blüten in Rosa, Rot und Weiß.

Kultur häufig im Rasen anzutreffen

Blütezeit Februar bis November!

Verwendung allgemein alte Heilpflanze

Besonderes Die Blüten ertragen bei trockener Luft Temperaturen bis –15 °C.

Blütenschmaus Die Blümchen mit ihren außen weißen oder rötlich überlaufenen Zungenblüten und innen gelben Röhrenblüten sind sehr dekorativ. Blütenknospen und offene Blüten haben einen dezenten nussartigen Geschmack und eignen sich für Butterbrote, Salate und als Dekoration. Die Blütenknospen können als Kapernersatz eingelegt werden. Die Blüten eignen sich auch zum Einzuckern. Bei gefüllten Züchtungen nur einzelne Blütenblätter über den Salat streuen.

GEWÜRZTAGETES

Tagetes tenuifolia
Asteraceae

Die reichblühenden Gewürztagetes ziehen im Garten Nützlinge an und riechen nicht so unangenehm wie andere Tagetesarten. Sie unterscheiden sich auch vom Estragontagetes (Tagetes lucida).

Kultur Einjähriger Sommerflor, zum Beispiel die orangeblühende Sorte *Orange Gem* oder die gelbblühende Sorte *Lemon Gem*. Die Gewürztagetes können auch auf dem Balkon in einem Topf kultiviert werden.

Blütezeit Juli bis Oktober

Verwendung allgemein Duftpflanze, Gewürzpflanze

Blütenschmaus Die Blüten sind herb, frisch und würzig und haben ein leicht fruchtiges Aroma. Sie eignen sich für Salatdressings, Kräuterquark, Gemüse und Kräuteressige. Frisch und getrocknet für Teemischungen, zudem für Süßspeisen und Fruchtpunsch sowie heiße Dessertsaucen auf Basis von Wein. Die gelben bis orange-farbigen Blüten sind eine hübsche Dekoration für Buffets, Salate und Suppen.

GLOCKENBLUME

Campanula sp.
Campanulaceae

Es gibt viele verschiedene Glockenblumenarten/-sorten, welche alle essbar sind. Sie haben meist blaue, manchmal auch weiße, selten rosafarbene Blüten.

Kultur Die Glockenblume ist eine mehrjährige Staude, wobei einige nur zweijährig sind. Es gibt Arten für den Steingarten, für Beete, für den Gehölzrand und solche, die in Wiesen wachsen.

Blütezeit je nach Art verschieden, meist langblühend

Verwendung allgemein Bei der Rapunzelglockenblume (Campanula rapunculus) sind auch die Blattrosetten und die Wurzeln essbar und wurden früher dazu kultiviert.

Besonderes Verwandte der Glockenblume sind die Ballonblumen (Platycodon), die zum Füllen interessant sind und einen angenehmen Biss haben. Tierisch gut – im wahrsten Sinne des Wortes – riechen die Tigerglocken (Codonopsis clematidea), die ebenfalls verwandt sind mit den Glockenblumen und auch sehr hübsch aussehen.

Blütenschmaus Die glockenförmigen blauen Blüten mit ihrem neutralen Geschmack sind sehr dekorativ und können je nach Blütengröße auch gefüllt werden. Ein schöner Anblick sind mit Walderdbeeren gefüllte Blüten.

Gänseblümchen

Gewürztagetes

Glockenblume

GOLDMELISSE, INDIANERNESSEL

Monarda didyma
Lamiaceae

Unter den Lippenblütlern gibt es zahlreiche Arten mit hübschen Blüten, welche oft auch fein riechen. Die Goldmelisse ist bei den Indianern Nordamerikas eine traditionelle Teepflanze.

Kultur Staude, die im Garten gerne wandert, oft etwas mehltauanfällig.

Blütezeit Juli bis September

Verwendung allgemein Teepflanze

Besonderes Aus frisch gepflückten Blüten den süßen Nektar saugen.

Blütenschmaus Die leuchtend roten Blüten sind sehr dekorativ und schmecken süß. Sie eignen sich für Tee, Sirup und als Dekoration.

HOLUNDER, SCHWARZER

Sambucus nigra
Caprifoliaceae

Kultur weit verbreiteter einheimischer Strauch

Blütezeit Juni bis Juli

Verwendung Früchte für Sirup, Gelee, Chutney, Eiscreme, Kompott

Verwendung allgemein alte Heilpflanze, Blütentee bei Erkältung

Blütenschmaus Die sternähnlichen Blüten haben einen betörenden Duft. Meist werden die Dolden genutzt, etwa für Sirup und zum Frittieren. Die Blüten sind oft von Läusen befallen – also darauf achten, dass kein Ungeziefer in den Dolden ist und vor der Verwendung gut ausschütteln!

INGWER

Zingiber officinale
Zingiberaceae

Der Ingwer ist eine alte Nutzpflanze. Im Frühling genügt es, eine Knolle in einen Topf mit Erde zu stecken und zu gießen, und schon beginnt die Pflanze zu treiben.

Kultur Nicht frosthart, kann als Kübelpflanze kultiviert werden. Braucht Hitze und hohe Luftfeuchtigkeit. Die krautige Staude blüht nicht immer!

Blütezeit gelegentlich im Sommer

Verwendung allgemein Zum Würzen wird das frische Rhizom (Wurzel) verwendet, das geschält und gerieben wird. Ein daraus hergestellter Tee wärmt; auch Sirup ist möglich.

Besonderes schilfartige Blätter

Blütenschmaus Für asiatische Gerichte. Als Dekoration. Die Blüten haben einen weniger intensiven Ingwergeschmack als die Wurzel.

Goldmelisse

Holunder

Ingwer

JASMIN, ECHTER ODER ARABISCHER

Jasminum officinale und J. sambac
Oleaceae

In milden Gegenden wird der Echte Jasmin als sommergrüner Kletterstrauch am Spalier hochgezogen; er kann 10 m hoch werden. Jasminum sambac und J. odoratissimum eignen sich als Topfpflanzen.

Kultur Die verschiedenen Jasminarten sind bei uns nicht winterhart, werden aber als Topfpflanzen angeboten und können frostfrei kultiviert werden.

Blütezeit Juni bis September

Verwendung allgemein Parfum, Aromatherapie

Blütenschmaus hübsche weiße Blüte, mit betörendem süßlichem Duft; zur Dekoration von Desserts

KAMELIE

Camellia japonica
Theaceae

Kultur Immergrüner Strauch, bedingt winterhart. Als Kübelpflanze halten und frostfrei überwintern.

Blütezeit Februar bis April

Verwendung allgemein Schmuckpflanze

Besonderes Camellia sasanqua hat duftende Blüten, ist aber empfindlich.

Blütenschmaus Knackige, fleischige Blüten, jedoch wenig Geschmack. Die Kamelie blüht im frühen Frühling, wenn Blüten noch Mangelware sind. Farben je nach Sorte von Weiß und Rosa bis Tiefrot oder mehrfarbig, Blüten einfach oder halbgefüllt, anemonenblütig, päonienförmig, rosenförmig bis vollständig gefüllt. Ideal zum Frittieren.

KAPUZINERKRESSE

Tropaeolum majus, T. minus, T. tuberosum
Tropaeolaceae

Die Kapuzinerkresse ist bei uns seit dem 16. Jahrundert heimisch.

Kultur Einjährige, leicht wuchernde Gartenblume. Kann in Kistchen und Kübeln auf dem Balkon kultiviert werden.

Blütezeit Juni bis Oktober (bis zum ersten Frost)

Verwendung allgemein Beliebte Gartenblume. Auch die Blätter sind essbar.

Besonderes Fördert die Gesundheit von Obstbäumen, wenn sie in der Baumscheibe gepflanzt werden. Hoher Vitamin-C-Gehalt!

Blütenschmaus Große Blüten in Gelb, Orange, Dunkelrot. Kresseartiger Geschmack, leicht scharf. Zum Füllen, als Dekoration für Salate und Vorspeisen. Die Blütenknospen und die jungen Samen können als Kapernersatz in Essig eingelegt werden.

Echter Jasmin

Kamelie

Kapuzinerkresse

KLETTERTROMPETE, TROMPETENSCHALL

Campsis radicans
Bignoniaceae

Vor allem im Süden ist die Trompetenblume bekannt, obwohl sie auch bei uns gedeiht. Sie bezaubert mit ihren Blüten in warmen Farbtönen von Rot, Orange und Gelb.

Kultur Üppig wachsende Kletterpflanze (bis 10 m), ein wenig wärmebedürftig. Für sonnige Standorte. Jährlicher Rückschnitt wie bei Weinreben ist ratsam. Je nach Sorte verschiedene Blütenfarben.

Blütezeit Juli bis September

Verwendung Kletterpflanze für Südfassaden und Pergolas

Besonderes Nach dem Pflanzen kann es mehrere Jahre dauern, bis die Klettertrompete blüht.

Blütenschmaus Gelbe, orange bis scharlachrote, glockige bis trichterförmige Blüten, 5 bis 6 cm groß. Schmecken nach Champignons, entsprechend fleischig ist der Biss. Für süße und pikante Speisen. Ideal zum Füllen.

KOHLARTEN, DIVERSE

Brassica oleracea
Cruciferae

In der Regel werden Kohlarten wie Kohlrabi, Blumenkohl, Wirz/Wirsing usw. gegessen, bevor sie blühen. Winterharte Arten wie Rosenkohl oder Federkohl blühen im darauffolgenden Frühling zeitig. Blumenkohl, Brokkoli und Cima di Rapa blühen im Pflanzjahr, wenn man sie nicht vorher erntet. Die anderen Kohlarten überwintern in einem Naturkeller und werden im Frühling ins Freie gepflanzt.

Kultur Kohlarten wie üblich pflanzen, jedoch nur begrenzt ernten und dafür blühen lassen.

Blütezeit Nach dem Überwintern im Frühling von April bis Mai. Blumenkohl und Brokkoli, nachdem sich die Knospen gebildet haben.

Verwendung als Gemüse Es werden unterschiedliche Teile geerntet. Bei Blumenkohl und Brokkoli sind es die Blütenknospen, beim Kohlrabi die zu einer Knolle verdickte Stängelbasis, bei den Kopfkohlarten die Blätter.

Blütenschmaus Gelbe, kreuzförmige Blüten. Vor der Blüte können die knospigen Triebe ebenfalls geerntet und als Gemüse roh oder gedünstet gegessen werden. Die Blüten haben nur einen leichten Kohlgeschmack.

KORNBLUME

Centaurea cyanus
Astraceae

Es gibt vom ursprünglichen Ackerunkraut Gartenformen.

Kultur Einjährige Sommerblume. Muss gestützt und aufgebunden werden.

Blütezeit Juni bis September

Verwendung allgemein Schnittblume, in Tees und Kräutersalz-Mischungen

Besonderes Neben der typischen blauen Kornblume gibt es auch Sorten in Rosa, Weiß und Purpurrot. Getrocknet werden sie am besten sehr rasch unter Glas an der Sonne, möglichst unter Luftausschluss, so behalten sie ihre bezaubernde Farbe am ehesten.

Blütenschmaus Vor allem das leuchtende Blau der Blüten verführt zum Dekorieren von Speisen. Der Geschmack ist nicht überwältigend.

Klettertrompete
Brokkoli
Federkohl
Kornblume

KÜRBISGEWÄCHSE

Cucurbita pepo, C. maxima, C. moschata
Cucurbitaceae

In Italien und Frankreich sind Kürbisgewächsblüten schon längst eine kulinarische Köstlichkeit. Zucchini ranken nicht, sie wachsen am Boden in die Breite. Bei den Kürbissen gibt es rankende und nicht rankende Arten und Sorten. Rankende Kürbisse können auch an einem Rankgerüst hochklettern.

Kultur einjährig

Blütezeit Juni bis September

Verwendung als Gemüse Zucchini und Rondini werden frisch verwendet (nicht zu groß werden lassen!). Kürbisse können je nach Sorte im Winter unterschiedlich lange gelagert werden.

Besonderes Wichtig! Zierkürbisse sind giftig. Man sollte auch die Blüten nicht verwenden.

Blütenschmaus Die Größe der Blüten ist beeindruckend, ebenso die Verwendungsmöglichkeiten. Es gibt weibliche und männliche Blüten, beide können verwendet werden. Kürbis- und Zucchiniblüten werden für Risotti, für Pasta, für Füllungen und zum Füllen und Backen im Teig verwendet. Das Innenleben (Stempel und Staubgefäße) wird entfernt.

LAUCHARTEN

Allium sp.
Alliaceae

Bei den Laucharten gibt es einerseits Nutzpflanzen wie Lauch, Zwiebel, Schnittlauch und Winterheckenzwiebel oder Schnittknoblauch, andererseits Zierlaucharten.

Kultur Der Lauch wird überwintert und blüht im Folgejahr weiß. Die Zwiebeln werden im Frühling wieder gepflanzt und blühen später ebenfalls. Winterheckenzwiebeln und Schnittlauch sind mehrjährig und blühen regelmäßig wieder, wie die verschiedenen Zierlaucharten.

Blütezeit Lauch und Zwiebeln ab Juli, Winterheckenzwiebeln und Schnittlauch bereits früher. Bei den Zierlaucharten ist der Blühtermin je nach Art unterschiedlich, vom zeitigen Frühling bis in den Spätsommer.

Verwendung allgemein Lauch und Zwiebel als Gemüse, Schnittlauch und Winterheckenzwiebel als Gewürz, Zierlauch als Schnittblume und Gartenstaude. Samen für Sprossen keimen lassen.

Besonderes Es blühen nicht alle Allium-Arten. Knoblauch und Etagenzwiebeln bilden gleich Brutzwiebelchen aus. Einige Zierlaucharten schmecken exzellent, andere hingegen gar nicht – versuchen!

Blütenschmaus Gemüselauch wie auch Zwiebeln blühen weiß, Schnittlauch violett bis weiß, Winterheckenzwiebeln weiß. Bei den Zierlaucharten sind die Blüten je nach Art und Sorte weiß, gelblich, rosafarben, lila bis dunkelviolett oder reinblau. Der Geschmack ist teils zwiebelartig scharf, teils sehr mild. Beim Zierlauch gibt es Arten, die nicht gut schmecken – probieren! In feuchten Jahren keimen die Samen noch auf der Blütenkugel. Auch so sind sie essbar. Jüngere Blüten schmecken besser.

Kürbis

Schnittlauch

LAVENDEL

Lavandula angustifolia
und alle anderen Arten
Lamiaceae

Der Lavendel ist eine typisch mediterrane Pflanze. Der verholzende immergrüne Kleinstrauch wird vor allem zur Gewinnung ätherischer Öle und Essenzen verwendet. Nebst dem Echten Lavendel (Lavandula angustifolia) gibt es andere Arten, die jedoch beschränkt winterhart sind.

Kultur Der Lavendel braucht einen durchlässigen Boden und einen trockenen, sonnigen Standort. Im ersten Jahr nach dem Auspflanzen ein- bis zweimal zurückschneiden. Im Frühling jährlich zurückschneiden. So erhält er einen guten Wuchs und fällt nicht auseinander. Gewöhnliche Sorten werden ca. 70 cm hoch, es gibt auch kleinwüchsige Sorten, die für den Balkon etwas besser geeignet sind.

Blütezeit Juli und August

Verwendung allgemein Als Heilpflanze hat der Lavendel eine beruhigende Wirkung. Getrocknete Blüten in Stoffsäckchen einfüllen und als Mottenschutz und Parfum im Kleiderschrank aufhängen. Lavendelöl wird in der Kosmetik zum Parfümieren von Seifen, Puder, Cremes und Eau de Cologne eingesetzt.

Blütenschmaus Die Blüten sind je nach Sorte unterschiedlich blau oder rosa bis weiß. Frische Blütenstände beim Aufbrechen der Blüten und Knospen als Dekoration und zum Würzen von Salaten und Gerichten verwenden. Aus den Blüten Essig herstellen. Sie können auch eingezuckert werden.

LÖWENMÄULCHEN

Antirrhinum majus
Scrophulariaceae

Das Löwenmäulchen ist ein beliebter, pflegeleichter Sommerflor.

Kultur Einjähriger Sommerflor, liebt eine sonnige Lage. Überdauert milde Winter.

Blütezeit Juni bis Oktober

Verwendung Schnittblume

Besonderes Wenn man die Blüte am Ansatz mit Daumen und Zeigefinger zusammendrückt, öffnet sich der Löwenrachen.

Blütenschmaus Die Blütenfarben reichen von Weiß über Gelb bis Orange, Rosa, Rot, Dunkelrot. Die Blüte ist sehr dekorativ. Das offene Löwenmaul mit Käsestückchen oder Gemüsestäbchen füllen. Die Blüten sind geschmacklich neutral. Die grünen Kelchblätter sollte man entfernen.

MÄDESÜSS

Filipendula ulmaria
Rosaceae

Mädesüß ist eine häufig anzutreffende Pflanze, die eher feuchte Standorte an Bächen oder in selten gemähten Feuchtwiesen bevorzugt.

Blütezeit Juni bis August

Verwendung allgemein Heilpflanze. Mädesüß enthält Salicylsäure und kann in Form von Tee als pflanzliches Aspirin gegen Kopfschmerzen helfen.

Besonderes Dem Mädesüß sagt man verjüngende Eigenschaften nach, beim Wein wie beim Menschen.

Blütenschmaus Die stark riechenden Blüten schmecken süßlich und sind dekorativ. Mädesüß eignet sich für die Herstellung von Sirup und Tee oder in Weißwein eingelegt unter Zugabe von Honig für einen Aperitif.

Lavendel

Löwenmäulchen

Mädesüß

MALVE / STOCKROSE

Malva alcea
Malvaceae

Die Malve ist eine typische Bauerngartenpflanze. Man kann auch die Blüten anderer Malvenarten essen.

Kultur Zweijährig, wird bis 200 cm hoch. Die Pflanze wird häufig von Rost befallen.

Blütezeit Juli bis September

Verwendung allgemein Die Blüten der fast schwarzen Stockrosen wurden früher zum Färben von Wein verwendet. Die jungen, noch grünen Früchte haben einen nussartigen Geschmack und sind essbar.

Blütenschmaus Weiße, rosa, gelbe, rote, dunkelrote Blüten. Die Blüten sind knackig und haben einen dezenten Geschmack. Ideal zum Füllen.

MOHN, KLATSCH-

Papaver rhoeas
Papaveraceae

Von den Mohnarten ist vor allem der einjährige Klatschmohn, ein Ackerbegleitkraut, für die Blütenküche empfehlenswert. Man kann zudem die Blütenpetalen (nur!) des Schlafmohns (Papaver somniferum) verwenden, der aber meist nicht so farbenprächtig ist.

Kultur Einjährig, es gibt zahlreiche Gartensorten.

Blütezeit Mai bis Juli

Verwendung allgemein Getrocknete Blütenblätter für Teemischungen. Auch die Samen können in der Küche verwendet werden. Zur Gewinnung von Mohnöl und für Gebäck werden seit alters die Samen des Schlafmohns (Papaver somniferum) verwendet.

Blütenschmaus Nebst den leuchtenden mohnroten Blüten gibt es Sorten in pastelligen Farben, von Weiß, Gräulich, Rosa bis Pflaumenviolett.

NACHTKERZE

Oenothera biennis
Onagraceae

Die Pflanze stammt aus Nordamerika und kam im 17. Jahrhundert nach Europa. Heute ist sie verwildert und ein aggressiver Neophyt. Die Pflanze nicht im Garten anbauen, sondern als Wildpflanze sammeln.

Kultur Wildgemüse

Blütezeit Juli bis September

Verwendung allgemein Gekochte Wurzeln in Scheiben schneiden und für Salate und als Wurzelgemüse verwenden.

Besonderes Das aus den Samen gewonnene Öl hat eine therapeutische Wirkung.

Blütenschmaus Große, attraktive (hell)gelbe bis orange Blüten, die geschmacksneutral sind. Die Blüten können gefüllt werden. Schräg geschnittene Knospen sind eine attraktive Garnitur für Suppen und Salate.

Malve

Klatschmohn

Nachtkerze

NELKE

Dianthus sp.
Caryophyllaceae

Die Nelke war früher eine der beliebtesten Blumen. Leider ist sie etwas in Vergessenheit geraten. Dabei gibt es eine große Anzahl schöner Arten, einerseits niedrigwachsende mit eher kleinen Blüten, und anderseits Gartennelken mit ziemlich großen Blüten und Bartnelken, eine alte Bauerngartenpflanze. Viele Nelken duften!

Kultur Bartnelken sind zweijährig, die meisten Nelken jedoch mehrjährig (Staude).

Blütezeit Bartnelken blühen im Juni, die anderen Nelken je nach Art Juni bis Oktober.

Verwendung allgemein Schnittblume, Gartenblume, Polsterpflanze

Besonderes Es gibt auch Nelken für den Balkon.

Blütenschmaus Blütenfarben weiß, zartrosa, pink, lachsfarben, leuchtend rot bis dunkelrot und gemischt. Es gibt einfache, gefranste und gefüllte Blüten, je nach Art leicht bis stark duftend. Die Nelken eignen sich zum Einzuckern. Die Bartnelke *Scooty* ist schwarz, sie riecht nach Schokolade und Nelke und eignet sich für Kuchen und Obstsalat. Die Lichtnelke (Silene flos-jovis oder S. coronaria) hat ein dezentes Mandelaroma.

RINGELBLUME

Calendula officinalis
Asteraceae

Die traditionelle Bauerngartenpflanze blüht unermüdlich und versamt im Garten meist selber. Es gibt verschiedene Sorten in unterschiedlichen Farbnuancen, von cremefarbig bis leuchtend gelb und orange, auch mit dunkleren Augen, es gibt gefüllte und einfache Blüten.

Kultur einjährig, pflegeleicht

Blütezeit Juni bis Oktober

Verwendung allgemein Heilpflanze. Die Blüten werden für Cremes und Salben verwendet. Früher färbte man damit auch Speisen (Arme-Leute-Safran).

Besonderes Ringelblumenblüten wurden früher manchmal als Safran verkauft.

Blütenschmaus Für Reis-, Fisch- und Milchspeisen sowie Gemüsesuppen. Mit den Blütenblättern werden Salate, Quarkspeisen und vieles mehr garniert.

ROSE

Rosa sp., v.a. Rosa damascena
Rosaceae

Für die Küche sind stark duftende Rosen wie die Damaszener-Rose interessant. Sie wird auch gewerbsmäßig angebaut, etwa in Bulgarien zur Gewinnung von Rosenessenz, Rosenöl und Rosenwasser. Empfohlen werden können auch die Kartoffelrose (Rosa rugosa), die Moschusrose (Rosa moschata), die Essigrose (Rosa gallica) und die Hundertblättrige Rose (Rosa centifolia). Es gibt aber auch unter den anderen Rosengruppen Duftrosen!

Kultur Strauchrose, mehrjährig. Nur ab und zu das alte Holz etwas auslichten.

Blütezeit Juni bis Oktober

Verwendung allgemein Aromatherapie, Parfums. Aus den Früchten wird das Hagebuttenmark gewonnen, das sich für Konfitüren eignet.

Besonderes Auch das Rosenholz kann verwendet werden.

Blütenschmaus Die Blüten der Damaszener-Rose sind rosafarben, verwendet werden können auch duftende Blüten von anderen Rosen, die ein breiteres Farbspektrum haben, von Weiß, Gelb, Apricot bis Rot und Pflaumenrot. Eine Bowle mit Rosensirup, garniert mit Rosenblüten, lässt die Herzen höher schlagen. Eingezuckerte Rosenblüten und Rosengelee sind zwei weitere Verwendungsmöglichkeiten. Weißen Blütenansatz entfernen, er ist bitter.

Nelke

Ringelblume

Damaszener-Rose

RUCOLA, RAUKE

Eruca sativa und
Diplotaxis tenuifolia
Brassicaceae

Der Rucola ist ein Kraut, das früher vor allem in Italien kultiviert und gegessen wurde. Mittlerweile ist es auch bei uns äußerst beliebt. Im Hausgarten kann man den mehrjährigen Rucola kultivieren und muss ihn dann nicht jährlich neu aussäen.

Kultur ein- oder mehrjährig, je nach Art

Blütezeit Mai bis Juni. Der einjährige Rucola blüht weiß, der mehrjährige gelb.

Verwendung allgemein kräftig-aromatischer Salat, leicht bitter, spezieller Geschmack

Blütenschmaus hübsche, cremeweiße, kreuzförmige Blüten für Salate und als Garnitur

SALBEIARTEN

Salvia sp.
Lamiaceae

Der Lippenblütler ist eine angenehme Pflanzenfamilie mit zahlreichen Küchenkräutern. Vor Giftpflanzen muss man keine Angst haben. Es gibt eine riesige Vielfalt einheimischer und exotischer Salbeiarten, solche, die im Garten kultiviert werden, und solche, die nicht winterhart sind und deshalb in Kübel gepflanzt werden. Einige der nicht winterharten Salbeiarten haben aromatische Blätter und duftende Blüten, so der Ananas- oder der Cassissalbei.

Kultur Je nach Art mehrjährig, einjährig oder als Kübelpflanze, die frostfrei überwintert werden muss.

Blütezeit Exotische Salbeiarten blühen oft erst im Herbst, das Küchenkraut im Vorsommer.

Verwendung allgemein Von Salvia officinalis, dem Küchenkraut, wird das silbrige Blatt für vielerlei Gerichte verwendet und als Heilkraut (Salbeipastillen) gegen Heiserkeit und Husten.

Blütenschmaus Freiland

— *Muskatellersalbei* (Salvia sclarea): zweijährig, betörender Muskatellerduft, zum Beispiel geeignet zum Aromatisieren von Weißwein.

— *Pfeffersalbei* (Salvia uliginosa): bezaubernde hellblaue Blüten, sensationeller Pfeffergeschmack (im Garten Winterabdeckung notwendig).

Blütenschmaus Kübelpflanzen

— *Ananassalbei* (Salvia rutilans): rote Blüten, die nach Ananas duften. Die Blätter sind für Tee verwendbar. Der Typ mit kurzen, breiten Blättern blüht um Wochen früher.

— *Andensalbei* (Salvia discolor): umwerfend dunkelblaue Blüte mit weißen Blütenkelchen und dem Duft schwarzer Johannisbeeren.

SCHLÜSSELBLUME, ECHTE

Primula veris
Primulaceae

Die Frühlings- oder Wiesenschlüsselblume wächst auf sonnigen Wiesen, in lichtem Gebüsch, meist an sonnigen Hängen. Eine Wildpflanze zum Sammeln.

Kultur als Staude im Naturgarten, in Wiesen oder in lichtem Gebüsch

Blütezeit März bis Mai

Verwendung allgemein Heilpflanze, Tee, Wein

Blütenschmaus Die Wiesenschlüsselblume ist ein Frühblüher, die Blüte ist von zartem Gelb und duftet angenehm.

Rucola

Ananassalbei

Salbei

Muskatellersalbei

Schlüsselblume

SOMMERASTER

Callistephus chinensis
Asteraceae

Die Sommerblume gibt es in verschiedenen Formen und Farben.

Kultur einjährig, zahlreiche Sorten

Blütezeit Juli bis Oktober

Verwendung allgemein Schnittblume, Sommerflor

Blütenschmaus Blütenfarben violett, blau bis gelb, rosa, rot, weiß. Gefüllte oder einfache Blüten, pompon- und strahlenförmig.

SOMMERFLIEDER

Buddleja davidii
Buddlejaceae

Der Sommerflieder ist ein Gartenflüchtling und breitet sich immer mehr ungehemmt aus entlang von Bahngeleisen, an Autobahnböschungen und Schuttplätzen.

Kultur Strauch, hell- und dunkelviolette oder weiße Blütenrispen

Blütezeit Juli bis Oktober

Besonderes Aggressiver Neophyt! Im Garten nicht mehr pflanzen, obwohl er als Blütenpflanze von Schmetterlingen besucht wird. Es gibt genügend Sammelstandorte.

Blütenschmaus für Dekorationen

SONNENBLUME

Helianthus annuus
Asteraceae

Wer kennt sie nicht, die Blüten der Sonnenblume, die sich der Sonne zuwenden? Dass sie essbar sind, wissen die meisten jedoch nicht.

Kultur einjährig, leicht zu kultivieren, auch von Kindern

Blütezeit Juli bis Oktober

Verwendung allgemein Sonnenblumenöl, Sonnenblumenkerne

Besonderes Knospen kurz vor dem Öffnen pflücken, in Butter dünsten und mit Zitronensaft und Pfeffer abschmecken. Diese Zubereitung war schon im 16. Jahrhundert eine Delikatesse und galt als Aphrodisiakum.

Blütenschmaus Am besten verwendet man die jungen Achselknospen; Zubereitung siehe oben. Die äußeren, manchmal leicht bitteren Blütenblätter, von zitronengelb bis kupferbraun (je nach Sorte), zum Dekorieren verwenden.

Sommeraster

Sommerflieder

Sonnenblume

STIEFMÜTTERCHEN

Viola tricolor oder
Viola x wittrockiana
Violaceae

Die Stiefmütterchen sind Veilchengewächse, von denen alle essbar sind und einige sogar betörend riechen. Neben den wilden Stiefmütterchen (Viola tricolor) gibt es die großblumigen Garten-Hybriden (Viola x wittrockiana und Viola cornuta), die ebenfalls essbar sind und sehr gut riechen. Es gibt sie in den verschiedensten Farben.

Kultur zweijährig, Pflanzung Oktober/November oder März

Blütezeit März bis Juli

Blütenschmaus Für Salate und als Dekoration. Wilde Stiefmütterchen haben kleine gelb-violett-weiße Blüten. Gartenstiefmütterchen können weiß, gelb, orange, rot, blau, braun oder violett sein. Sehr angenehmer Duft.

TAGLILIE

Hemerocallis sp.
Hemerocallidaceae

Von den Taglilien gibt es mittlerweile eine große Palette verschiedener Wildarten, vor allem aber Hybriden in den Farbtönen cremeweiß, gelb, rosa, rot, braun und mehrfarbig.

Kultur Langlebige Staude für sonnige Standorte. Die Bahnwärtertaglilie macht Ausläufer.

Blütezeit Je nach Art von Mai (H. middendorffii) bis August/September. Also mehrere Arten und Sorten pflanzen!

Besonderes Die Blüten blühen nur einen Tag, öffnen sich jedoch nacheinander, so dass die Blütezeit mehrere Wochen dauert.

Blütenschmaus Die vitaminreichen Blüten überzeugen geschmacklich sowie bezüglich Farbe und Form. Orange Blüten haben einen eher pfefferigen Geschmack, weiße und dunkelrosafarbene Sorten sind eher süßlich, Hemerocallis citrina hat eine fruchtige Note. Probieren lohnt sich also! In der asiatischen Küche werden die Blüten roh, gekocht, getrocknet und gefroren (zuerst blanchieren) verwendet. Auch die jungen Blatttriebe und die fleischigen Blütenknospen werden geerntet. Die Blüten eignen sich für Suppen, Reis und Geflügelgerichte.

TOPINAMBUR

Helianthus tuberosus
Asteraceae

Die Topinambur hat viele Namen und wird auch Jerusalemartischocke genannt.

Kultur Im Garten kontrolliert in eine Ecke pflanzen, weil die Vermehrung über die Knolle geschieht und die Pflanze kaum mehr entfernt werden kann! Die Staude wird bis 3 Meter hoch.

Blütezeit ab September und eher spärlich

Verwendung allgemein Die Knollen munden roh und gekocht. Sie sind ähnlich zu verwenden wie die Kartoffel. Auch für Diabetiker geeignet. Die Knolle ist in der Erde frosthart.

Besonderes Aggressiver Neophyt, der sich ausbreitet.

Blütenschmaus Schöne gelbe Blüten, die jedoch nicht riechen. Für Dekorationen.

Stiefmütterchen

Taglilie

Topinambur

VEILCHEN, WOHLRIECHENDES

Viola odorata
Violaceae

Von den bescheidenen Veilchen, die im Garten in der Nähe von Sträuchern wachsen, kann man nie genug haben.

Kultur Das Veilchen bevorzugt Halbschatten. Gut gedeihen die folgenden Gartensorten: *Alba* blüht weiß, *Sulphurea* gelb, *Königin Charlotte* blau.

Blütezeit März bis April

Verwendung allgemein Parfums

Besonderes Es gibt Veilchenarten, die nicht duften. Toulouse ist die Veilchenstadt in Frankreich.

Blütenschmaus Das Duftveilchen hat stark duftende Blüten, meist sind sie blauviolett, können aber je nach Sorte auch weiß oder purpurrot sein. Die Blüten eignen sich zum Einzuckern, für Essig, Sirup, für Salate, Eiswürfel und als Dekoration.

VERVEINE, ZITRONENSTRAUCH

Aloysia triphylla
Verbenaceae

Der verholzende Kleinstrauch hat stark duftende Blätter. Wo immer Verveine verwendet wird, handelt es sich um Zitronenverbene und nicht um Eisenkraut.

Kultur nicht winterharte Pflanze, für Kübel oder Wintergarten

Blütezeit Juli bis September

Verwendung allgemein Die Blätter ergeben einen erfrischenden Tee. Frische Blätter eignen sich zum Würzen von Öl und Essig.

Blütenschmaus Die Blüten sind winzig klein und riechen nach Zitrone. Sie eignen sich für Desserts und sind immer dann gefragt, wenn Zitronengeschmack erwünscht ist.

WALDMEISTER

Galium odoratum
Rubiaceae

Gäbe es die Maibowle mit Waldmeister nicht, müsste man sie erfinden. Aber Achtung: Zu viel sollte man nicht davon trinken! Erstmals wurde der Maiwein bereits 854 von einem Benediktinermönch erwähnt. Damals wurde er im Kloster als medizinisches Getränk zur Stärkung von Herz und Leber ausgeschenkt.

Kultur Die Staude macht Ausläufer. Sie kommt meist teppichartig in schattigen Laub-, vor allem in Buchenwäldern vor. Der Waldmeister erträgt keine volle Sonne, er liebt leicht feuchten Boden und gedeiht vor allem unter Bäumen und Sträuchern.

Blütezeit April bis Mai/Juni

Verwendung allgemein Die getrocknete Pflanze eignet sich für Duftschalen und zum Füllen von Duftkissen. Früher wurde die wohlriechende Pflanze auch zum Füllen von Matratzen verwendet. Im Kleiderschrank vertreibt der Waldmeister mit seinem Duft die Motten (Blätter und Blüten verwenden).

Besonderes Die Pflanze entwickelt ihren angenehmen Vanillegeruch erst richtig beim Welken. Im welken und trockenen Zustand setzt die Pflanze Cumarin frei, das für den charakteristischen Waldmeistergeruch verantwortlich ist. Der Gehalt liegt bei 1 % in der Trockenmasse. Cumarin kann Kopfschmerzen verursachen.

Blütenschmaus Die hübschen weißen Blütentrauben haben einen betörenden Duft. Sie eignen sich für Maibowlen, Likör, Pudding, Eis, Tee oder zum Marinieren von Erdbeeren. Für eine Bowle sollten nicht mehr als 3 angetrocknete Blütentriebe je Liter Flüssigkeit verwendet werden. Der Waldmeister ist in größeren Mengen leicht giftig.

Veilchen

Verveine

Waldmeister

YSOP

Hyssopus officinalis
Lamiaceae

Der Ysop ist ein Küchenkraut aus dem Süden, das bei uns leider noch nicht sehr verbreitet ist.

Kultur winterharter Halbstrauch

Blütezeit Juli und August

Verwendung allgemein Blätter als Küchenkraut

Besonderes Das ätherische Öl wirkt gegen Erkältungen und Heuschnupfen.

Blütenschmaus Der Ysop hat dunkelblaue Blüten, es gibt auch rosa und weiß blühenden. Für Salate, Quarkspeisen, zum Einzuckern, für Garnituren.

YUCCA, PALMLILIE

Yucca filamentosa
Agavaceae

Immergrünes, stammloses Holzgewächs mit in Rosetten stehenden graugrünen schwertförmigen Blättern mit oft stechender Spitze.

Kultur winterharte Pflanze für den Garten

Blütezeit Juli und August

Verwendung Solitärpflanze im Garten

Besonderes Die Indianer Mittel- und Nordamerikas essen die Blüten von alters her.

Blütenschmaus Große, gelblichweiße, knackige Blüten, die roh und gekocht und gefüllt schmecken, ideal zum Einzuckern.

ZITRONENBLÜTE

Citrus limon und Citrus sp.
Rutaceae

Kennst du das Land, wo die Zitronen blühen? Das kann mittlerweile auch zu Hause sein! Es gibt eine große Anzahl verschiedener Citrus-Arten und Citrus-Sorten. Besonders geeignet als Kübelpflanze sind die Zitronen, von denen man regelmäßig ernten kann.

Kultur Kübelpflanze, die frostfrei und mit genügend Licht überwintert werden muss. Die Erde sollte sauer sein, gegossen wird mit Regenwasser. Zitronen sind kälteempfindlicher als Orangen, Grapefruits und Mandarinen.

Blütezeit Der Zitronenbaum blüht und trägt gleichzeitig Früchte (im Gegensatz zu anderen Citrus-Arten).

Blütenschmaus Betörende weiße bis cremefarbene Blüte mit starkem Duft. Ideal zum Einzuckern. Ihren Duft kann man auch einfangen, wenn man sie in Alkohol, Öl oder Essig einlegt.

Ysop
Yucca
Zitronenblüte

Küchen- und Teekräuter

FAMILIE DER LIPPENBLÜTLER

Lamiaceae

Im Küchengarten ziehen wir Kräuter, deren Blätter wir nutzen. Von den vielen Pflanzen, die zur Familie der Lippenblütler (Lamiaceae) gehören, sind auch die Blüten essbar.

Kultur meist mehrjährige Kräuter, mit Ausnahme von Basilikum und Majoran

Blütezeit Sommer

Verwendung allgemein vor allem als Gewürz

Besonderes Viele Gewürzkräuter sind Bienenweidepflanzen.

Blütenschmaus Die aromatischen Blüten sind meist sehr klein. Man kann auch Blütentriebe verwenden.

Lippenblütler

— *Basilikum*
— *Beinwell*
— *Bohnenkraut*
— *Goldmelisse*, Seite 24
— *Majoran*
— *Minze*
— *Oregano*
— *Rosmarin*
— *Salbei, Ananas-*, Seite 38
— *Thymian, Zitronen-*
— *Ysop*, Seite 46
— *Zitronenmelisse*

Basilikum
Beinwell
Bohnenkraut
Majoran
Minze
Oregano
Rosmarin
Zitronenthymian
Zitronenmelisse

FAMILIE DER DOLDENGEWÄCHSE

Apiaceae

Im Küchengarten gibt es zahlreiche Kräuter aus der Familie der Doldengewächse (Apiaceae).

Kultur oft ein- bis zweijährig, Liebstöckel mehrjährig

Blütezeit Vorsommer bis Herbst, je nach Art

Verwendung allgemein vor allem als Gewürz

Besonderes Viele der Kräuter sind zur Blütezeit bei Nutzinsekten sehr beliebt.

Blütenschmaus Die Blüten der Doldengewächse sind aromatisch und meist sehr klein. Es können auch die Blütendolden verwendet werden. Je nach Art nicht zu viel nehmen, zum Beispiel vom Liebstöckel. Selleriedolden sind aromatisch. Beim Koriander können die blühenden Dolden und die noch grünen oder schon ausgereiften Samen verwendet werden. Nur bekannte Arten verwenden, denn es gibt auch Doldengewächse, die stark giftig sind!

Doldengewächse

— *Bärlauch*
— *Dill*
— *Gewürzfenchel*
— *Kerbel*
— *Koriander*
— *Liebstöckel*
— *Petersilie*
— *Sellerie*
— *Süßdolde*

Bärlauch

Dill

Gewürzfenchel

Kerbel

Koriander

Liebstöckel

Petersilie

Sellerie

Süßdolde

Mit Vorsicht zu konsumieren

GEISSBLATT / JELÄNGERJELIEBER (HONEYSUCKLE)

Lonicera caprifolium
Caprifoliaceae

Das Geißblatt ist eine Kletterpflanze, die bis 6 m hoch wird.

Kultur Kletterpflanze

Blütezeit Mai und Juni

Verwendung allgemein Bachblüten-Therapie

Besonderes Das Geißblatt ist leicht giftig!

Blütenschmaus Die gelblichweißen Blüten riechen betörend gut, vor allem am Abend. Nur wenig verwenden, da sie leicht giftig sind.

ROBINIE / AKAZIE

Robinia pseudoacacia
Fabaceae

Die Robinie hat sich in den letzten Jahren in Europa stark ausgebreitet und gehört zu den aggressiven Neophyten, welche die einheimische Flora verdrängen. Es gibt in Kultur zahlreiche Gartenformen.

Kultur 20 bis 25 m hoher Baum

Blütezeit Mai und Juni

Verwendung allgemein Das Holz ist sehr widerstandsfähig und wird für Gartenmöbel, Pfähle und Zäune verwendet. Bienenweidepflanze.

Besonderes Giftpflanze! Borken, Blätter und Samen sind giftig. Achtung: Von Kindern fernhalten! In geringer Menge enthalten auch die Blüten das giftige Piperonal. Die aggressiven Neophyten im Garten nicht mehr pflanzen. Zum Sammeln von Blüten gibt es in der Natur genug verwilderte Bäume.

Blütenschmaus 10 bis 25 Blüten sind zu dichten Blütentrauben gruppiert. Sie sind stark duftend und haben einen bergamottartigen Geruch. Die Blüten enthalten viel Nektar. Nur wenig Blüten verwenden, denn sie sind leicht giftig.

TULPE

Tulipa gesneriana
Liliaceae

Die Tulpe ist im Garten ein typischer Frühlingsblüher. Nach der Blüte zieht sie ein (das Kraut erst entfernen, wenn es gelb ist!). Zahlreiche Sorten sind geeignet zur Verwilderung im Garten. Es gibt unzählige Sorten in verschiedensten Farben.

Kultur Zwiebeln im Herbst pflanzen, entweder verwildern lassen oder nach der Blüte Zwiebeln ausgraben und trocken übersommern.

Blütezeit je nach Sorte März, April, Mai

Verwendung allgemein Dekorative Gartenblume, für Blumensträuße. In Zeiten von Hungersnöten wurde die Zwiebel gebraten und gegessen.

Blütenschmaus Unmittelbar nach dem Aufblühen einzelne Blütenblätter oder ganze Blütenkelche verwenden (füllen). Stempel und Staubblätter entfernen. Knackige Blütenblätter, erinnern an Radicchio. Lange nicht alle Sorten überzeugen geschmacklich. Blüten kurz nach dem Aufblühen pflücken. Nicht zu viele Blüten konsumieren, in größeren Mengen sind sie leicht giftig!

Geißblatt

Robinie

Tulpe

Vorspeisen

Lauch mit Roquefort, Nüssen und Cosmea

2 junge Lauchstangen
20 Baumnuss-/Walnusskernhälften, halbiert
100 g Roquefort
2 EL gehackte glattblättrige Petersilie
2 EL fein geschnittenes Basilikum

Vinaigrette

2 EL Baumnussöl/Walnussöl
2 EL Olivenöl
1 EL Rosenblütenessig
2 TL Balsamico
frisch gemahlener Pfeffer
Meersalz

Blüten

Cosmea, Kapuzinerkresse, Borretsch, Lauch oder Rucola

1 Grobfasrige Teile beim Lauch entfernen. Lauchstangen in 1 cm dicke Scheiben schneiden. Im Dampf kurz garen. Mit kaltem Wasser abschrecken. Gut abtropfen lassen.

2 Vinaigrette zubereiten.

3 Lauch auf einer Platte oder 4 Tellern anrichten. Nussviertel, zerkleinerten Roquefort und Kräuter darüber verteilen.
Mit der Vinaigrette beträufeln. Die Blüten darüberstreuen.
30 Minuten marinieren.

Tipp Mit Baguette servieren.

Exotischer Kürbis-Zucchini-Salat mit Dahlien und Meerrettich

- 200 g Zucchini
- 300 g Kürbis, vorzugsweise Butternut
- wenig Meerrettich
- 5 Ananassalbeiblätter, in Streifchen
- 1 Dahlie, abgezupfte Blütenblätter
- 1 Sonnenblume, abgezupfte Blütenblätter

Sauce

- 1 Zitrone, Saft
- 2 EL Rahm / Sahne
- 2 EL Olivenöl
- 2 EL Haselnussöl oder Baumnussöl
- Zitronensalz, Seite 63
- frisch gemahlener Pfeffer

Garnitur

- geröstete Pinienkerne

1 Sauce zubereiten.

2 Zucchini beidseitig kappen. Kürbis schälen und entkernen. Zucchini und Kürbis auf einer groben Reibe zur Sauce reiben. Meerrettich schälen und auf einer feinen Reibe dazureiben. Salbeistreifchen und Blütenblätter zugeben, alles mit der Sauce mischen.

3 Salat anrichten. Mit Pinienkernen garnieren.

Ziegenkäse im Zucchini-Speck-Mantel

4 kleine, reife französische Ziegenkäse

1 Zucchino

Olivenöl, zum Braten

70 g Colonnata-Speck oder anderer fetter Speck, in Scheiben

16 gekochte Kastanien aus dem Glas

Zitronenthymian, Blättchen abgezupft

frisch gemahlener Pfeffer

16 Baumnuss-/ Walnusskernhälften

1–2 EL Kastanienhonig

Haselnussöl

Blüten

Lavendel, Ysop, Rosmarin, Thymian oder Cassissalbei

1 Zucchino beidseitig kappen, auf der Aufschnittmaschine oder auf einem Hobel in feine Längsstreifen schneiden, im Olivenöl kurz dünsten.

2 Speckscheiben längs halbieren, jeweils eine Hälfte auf die Zucchinischeiben legen, mit dem Speck nach innen um den Ziegenkäse legen, auf Tellern anrichten.

3 Kastanien mit den restlichen Speckstreifen umwickeln, in einer Pfanne kurz braten, mit Zitronenthymianblättchen bestreuen, mit Pfeffer abrunden. Zu den Käslein geben. Nüsse im Kastanienhonig glasieren, als Garnitur verwenden. Einen Teil der Blüten hacken, über die Käslein streuen, mit wenig Haselnussöl beträufeln. Restliche Blüten darüberstreuen.

Tipp Ohne Zucchini und Speck kann der Käse als Dessert serviert werden.

Bunter Sommersalat

2 Bund Rucola

1 Zucchino

12 Cherrytomaten

2 Robiolo oder Ziegenfrischkäse, zerkleinert

Blüten

Malve, Taglilie, Kapuzinerkresse, Nelke, Ringelblume, Kornblume, Lauch

Vinaigrette

2 EL Rosenblütenessig, Seite 140

2 EL Haselnussöl

2 EL Olivenöl

Balsamico

Rosenblütensalz

frisch gemahlener Pfeffer

1 Vinaigrette zubereiten.

2 Zucchino beidseitig kappen, ungeschält in Stäbchen schneiden. Bei den Cherrytomaten den Stielansatz ausstechen, Tomaten halbieren.

3 Rucola auf Teller verteilen, Zucchini, Cherrytomaten und Ziegenfrischkäse darauf anrichten, mit der Vinaigrette beträufeln und mit den Blüten garnieren.

Rosenblüten- und Blütensalz Eine Handvoll Rosenblütenblätter (den weißen Blattansatz entfernen) fein hacken. In ein kleines Glas mit Schraubdeckel geben, mit feinem Meersalz auffüllen, mischen. Für Blütensalz eignen sich beliebige Blüten. Ausprobieren!

Cherrytomaten und Mozzarella mit Lavendel- und Basilikumblüten

12 Cherrytomaten
2 kleine Büffelmozzarella, in Scheiben
grüner oder roter Basilikum
wenig Fleur de Sel
frisch gemahlener Pfeffer
8- oder 12-jähriger Balsamico
Olivenöl

Blüten
Basilikum, Lavendel, diverse Salbeisorten

Cherrytomaten halbieren, mit einem Stück Büffelmozzarella und einem Basilikumblatt auf Zahnstocher stecken, anrichten.
Mit Fleur de Sel, Pfeffer, Balsamico und Olivenöl würzen. Blüten darüberstreuen.

Thunfischcarpaccio mit Blüten

400 g frisches Thunfischfilet, Sushiqualität
Zitronensalz oder schwarzes Hawaiisalz
Avocadoöl oder Olivenöl
frisch gemahlener Pfeffer
Zitronensaft, nach Belieben
½ Bund Rucola

Blüten
Goldmelisse, Gewürztagetes, Zierlauch, Kapuzinerkresse

Thunfischfilets in feine Scheiben schneiden und auf 4 Teller legen, mit Zitronensalz, Avocadoöl und Pfeffer würzen, nach Belieben mit wenig Zitronensaft beträufeln. Mit Rucola und Blüten garnieren.

Tipp Mit gerösteter Knoblauch-Kräuter-Baguette servieren.

Zitronensalz Meersalz und auf einer feinen Reibe abgeriebene Schale von Bio-Zitronen oder unbehandelten Zitronen fein cuttern.

Karotten im Rohschinken

- 300 g Karotten
- frischer Oregano oder Rosmarin
- 120 g Rohschinken oder Bündnerfleisch
- Basilikumblätter
- frisch gemahlener Pfeffer
- Balsamico
- Haselnussöl
- 20 Kapuzinerkresseblüten

1 Karotten schälen, in Stäbchen schneiden. In wenig Salzwasser mit Oregano oder Rosmarin knackig garen. Erkalten lassen.

2 Rohschinken auf die Arbeitsfläche legen, ein Basilikumblatt darauflegen, jeweils 2 bis 3 Karottenstäbchen in den Rohschinken einwickeln. Auf eine Platte legen. Mit Pfeffer, Balsamico und Haselnussöl würzen. Mit den Blüten garnieren.

Matjesfilets mit Lauch- und Kapuzinerkresseblüten

- 8 frische Matjesfilets
- 1 Zitrone, Saft
- 4 EL Olivenöl
- frisch gemahlener Pfeffer
- 2 EL gehackte Petersilie
- 1 rote Zwiebel, in feinen Ringen

Blüten

Lauch, Kapuzinerkresse oder Rucola, Kohl, Brokkoli, Zwiebel, Begonie

Matjesfilets auf vier Teller legen, mit Zitronensaft und Olivenöl beträufeln, mit einer Umdrehung Pfeffer abschmecken, mit Petersilie und Zwiebeln bestreuen, mit den Blüten garnieren.

Zucchinischaumsuppe mit Zitronenthymianblüten

2 EL Olivenöl
1 große Zwiebel
1 Knoblauchzehe
3 gelbe oder grüne Zucchini
1 Zweig Zitronenthymian
5 Safranfäden
1 dl / 100 ml Weißwein
4½ dl / 450 ml Gemüsebrühe
2½ dl / 250 ml Rahm / Sahne
Fleur de Sel
frisch gemahlener Pfeffer
wenig abgeriebene Zitronenschale, nach Belieben
Zitronenthymianblüten

Thymian-Bruschetta

geröstete Baguette- oder Weißbrotscheiben
Olivenöl
gehackte Thymianblättchen
wenig Fleur de Sel

Blüten

Rucola, Kohl, fein geschnittene Taglilienknospen, abgezupfte Blütenblätter von Kornblume und Ringelblume

1 Zwiebel und Knoblauch fein würfeln. Zucchini beidseitig kappen und in Würfelchen schneiden.

2 Zwiebeln, Knoblauch und Zucchini im Olivenöl andünsten, abgezupfte Zitronenthymianblättchen und Safranfäden zugeben, mit Weißwein und Gemüsebrühe ablöschen, 5 Minuten köcheln lassen. Pürieren.

3 Zucchinicremesuppe mit Rahm aufkochen, kurz köcheln lassen, mit Fleur de Sel, Pfeffer und Zitronenschale würzen. Vor dem Anrichten mit dem Pürierstab nochmals aufschäumen.
Mit Zitronenthymianblüten garnieren.

4 Für die Bruschetta geröstetes Brot mit Olivenöl beträufeln, mit Thymianblättchen und Fleur de Sel bestreuen.

Frischkäsekugeln im Blütenkleid

350 g Ziegen- oder Kuhmilch-frischkäse

3 EL fein gehackte Kräuter, z. B. Kerbel, Petersilie, Thymian, Rosmarin

frisch gemahlener Pfeffer

Blütenkleid

3–4 Duftrosenblüten oder eine bunte Blütenmischung aus dem Garten

1 Frischkäse und Kräuter mischen, mit Pfeffer abschmecken.

2 Die Rosenblütenblätter abzupfen, den weißen Blattansatz abschneiden, Blütenblätter in Streifchen schneiden. Oder die anderen Blütenblätter abzupfen und in Streifchen schneiden.

3 Aus der Frischkäsemasse kleine Kugeln formen, in den fein geschnittenen Blüten wenden.

Tipp Die Frischkäsekugeln auf dunklem Brot oder in Pralinenpapierförmchen servieren. Wunderbar und dekorativ, originell!

Thunfischpaste auf Klettertrompetenblüten

1 Baguette

Thunfischpaste

1 Dose Thunfisch

10 schwarze Oliven, entsteint

½ Bund Basilikum oder glattblättrige Petersilie

4–6 EL Olivenöl

1 Spritzer Zitronensaft, evtl. wenig abgeriebene Schale

frisch gemahlener Pfeffer

Blüten

Klettertrompete, Kapuzinerkresse, Lauch

1 Abgetropften Thunfisch, Oliven, abgezupfte Kräuter und Olivenöl nicht zu fein mixen, mit Zitronensaft und Pfeffer abschmecken.

2 Baguettescheiben mit Klettertrompetenblüten belegen, Thunfischpaste darauf verteilen. Mit Kapuzinerkresse- oder Lauchblüten garnieren.

Schnittlauchblüten im Ausbackteig

Ausbackteig

2 Eier

1¼ dl / 125 ml helles Bier oder vergorener Apfelsaft

125 g feinstes Dinkelvollkornmehl / -ruchmehl oder 90 g feinstes Dinkelvollkornmehl / -ruchmehl und 35 g feinstes Kichererbsenmehl

Kräuter-Rosenblüten-Salz

Blüten

Schnittlauch, Beinwell, Funkie, Taglilie, Kamelie

Olivenöl, zum Ausbacken

1 Eier und Bier verquirlen, Mehl unterrühren, Teig mit dem Kräuter-Rosenblüten-Salz würzen. 30 Minuten quellen lassen.

2 Blüten im Ausbackteig wenden, im Olivenöl ausbacken.

Kräuter-Rosenblüten-Salz Eine Handvoll Rosenblütenblätter (weißen Blattansatz entfernen) und eine Handvoll Kräuter fein hacken. In ein Glas mit Schraubdeckel geben, mit feinem Meersalz auffüllen, mischen.

Tomaten-Bruschetta

1 Baguette mit Oliven, in Scheiben

4 reife Fleischtomaten

2 EL Olivenöl

Rosenblütensalz, Seite 62

frisch gemahlener Pfeffer

Blüten

Begonie, Schnittlauch, Kornblume, Ringelblume, Kapuzinerkresse, Taglilie, Rucola, Bärlauch

1 Tomaten mit dem Sparschäler schälen. Oder Tomaten an der Spitze kreuzweise einschneiden, in einem Schaumlöffel in kochendes Wasser tauchen, bis sich die Haut löst, kalt abschrecken, schälen. Stielansatz ausstechen. Tomaten vierteln und entkernen, Viertel würfeln.

2 Tomatenwürfelchen und Olivenöl mischen, mit Rosenblütensalz und Pfeffer würzen.

3 Tomatenwürfelchen auf die Baguettescheiben verteilen, mit den Blüten garnieren.

Zucchino-Frischkäse-Bruschetta

1 helle Baguette, in Scheiben

100 g Ziegenfrischkäse

1 Zucchino

Blütensalz, Seite 62

frisch gemahlener Pfeffer

Schnittlauch- oder Bärlauchblüten

Blüten

Taglilie, Kapuzinerkresse, Zierlauch, Lauch, Knoblauch, Zwiebel, Kohl

1 Zucchino beidseitig kappen, auf einer feinen Reibe zum Frischkäse reiben und unterrühren, mit Blütensalz und Pfeffer würzen. Abgezupfte Blütenblätter unterrühren.

2 Frischkäseaufstrich auf den Brotscheiben verstreichen, mit den Blüten garnieren.

Grüne Crostini

1 Baguette, in Scheiben

1 reife Avocado

100 g Frischkäse aus Ziegen- oder Kuhmilch

2 EL Olivenöl

1 Handvoll Garten- oder Brunnenkresse

Kräutersalz

Knospen/Blüten
Taglilie, Kapuzinerkresse, Schnittlauch, Zierlauch, fein geschnitten

1 Avocado halbieren, Stein entfernen. Avocadofleisch aus der Schale lösen und mit einer Gabel zerdrücken. Frischkäse, Olivenöl und Kresse unterrühren, mit Kräutersalz abschmecken.

2 Baguettescheiben im Ofen rösten.

3 Avocadocreme auf die Crostini verteilen, mit den Taglilienknospen garnieren.

Tipp Im frühen Frühling Kresse durch fein geschnittenen Bärlauch ersetzen. Crostini mit Stiefmütterchen und Veilchen dekorieren.

Zum Bild Im Krug ist Holunderblütenwasser, Rezept Seite 133.

Trockenfleischröllchen

100 g Bresaola oder Bündnerfleisch, in feinen Scheiben

Füllung

70 g Ziegenfrischkäse

2 EL geriebener Sbrinz oder Parmesan

2 EL geriebene Haselnüsse oder Baum-/Walnüsse

je 1 TL fein gehackte Orangenminze und Thymian

1 TL abgezupfte Schnittlauchblüten

Olivenöl

frisch gemahlener Pfeffer

Blüten

Zwiebel, Lauch, Taglilie, Kapuzinerkresse, Ingwer

1 Bresaola auf der Arbeitsfläche überlappend rechteckig auslegen.

2 Für die Füllung Frischkäse, Sbrinz, Haselnüsse, Kräuter und Blütenblätter verrühren, mit Olivenöl und Pfeffer abschmecken. Käsemasse auf dem Fleisch verstreichen, an den Längsseiten 2 cm Rand frei lassen. Einrollen. Mit einem scharfen Messer portionieren.

Anrichten Mit Blüten garnieren.

Blattsalat mit Blüten und Mozzarella

1 Bund Rucola

1 Bund Hirschhorn- oder Blattsalat

einige Blätter von roter Melde

Blütenblätter je nach Saison, z. B. Kornblume, Ringelblume, Duftrose, Rucola, Mohn

10 Cherry- oder 2 Fleischtomaten

4 Portionen Büffelmozzarella

Vinaigrette

2 EL Blütenessig, Seite 140, oder weißer Balsamico

4–5 EL Olivenöl

Blütensalz, Seite 62

frisch gemahlener Pfeffer

1 Vinaigrette zubereiten.

2 Blattsalate und abgezupfte Blütenblätter oder ganze Blüten locker mischen und auf Tellern anrichten.

3 Cherrytomaten halbieren oder vierteln. Bei den Fleischtomaten den Stielansatz ausstechen, Tomaten vierteln oder achteln. Mozzarella portionieren. Tomaten und Mozzarella rund um den Salat legen.

4 Salat mit der Vinaigrette beträufeln.

Kalte Tomatensuppe mit Blütenknospen

2 EL Olivenöl, kräftiger Geschmack
1 Schalotte, gehackt
1 kg sehr reife Tomaten
1 EL Balsamico
2 EL Sojasauce
180 g Crème fraîche
1 unbehandelte Zitrone, wenig abgeriebene Schale und 2 EL Saft
Kräutersalz
1 großer Bund Basilikum

Blüten
Nachtkerze, Taglilie, Kapuzinerkresse, Borretsch, Basilikum, Rucola, Ysop, in Streifen

Olivenöl, kräftiger Geschmack, zum Beträufeln

1 Basilikumblätter von den Stielen zupfen und in feine Streifen schneiden.

2 Tomaten mit dem Sparschäler schälen oder Tomaten an der Spitze kreuzweise einschneiden und in einem Schaumlöffel in kochendes Wasser tauchen, bis sich die Haut löst, kalt abschrecken, Tomaten schälen, Stielansatz ausstechen, Tomaten vierteln und entkernen.

3 Schalotten im Olivenöl andünsten, Tomaten, Balsamico und Sojasauce zugeben, etwa 5 Minuten köcheln. Mit Stabmixer pürieren. Erkalten lassen, danach kühl stellen.

4 Crème fraîche, Zitronensaft und -schale unter die kalte Tomatensuppe rühren, mit Kräutersalz abschmecken. Suppe anrichten, mit Basilikum- und Blütenstreifen garnieren, mit Olivenöl beträufeln.

Taglilienblüten mit Lachs-Frischkäse-Füllung

Taglilien

Füllung

100 g Ziegenfrischkäse

100 g Wildlachs

¼ unbehandelte Zitrone, Schale und einige Tropfen Saft

frisch gemahlener Pfeffer

2 EL Olivenöl

Sämtliche Zutaten für die Füllung fein mixen. Taglilienblüten mit der Mousse füllen.

Varianten Die Mousse eignet sich auch zum Füllen von Hostablüten und großen Glockenblumen. Mousse auf gerösteten Brotscheiben servieren. Mit Blüten von Kapuzinerkresse, Kohl, Rucola, Fenchel und Zitrone garnieren.

Eier-Cottage-Cheese-Tatar mit Gewürztagetes

1 dunkle Baguette

150 g Cottage Cheese/ Hüttenkäse

wenig Senf

wenig Mayonnaise

3–4 hartgekochte Eier

Salz

frisch gemahlener Pfeffer

Gewürztagetes, gehackt

Blüten

Gewürztagetes

1 Cottage Cheese in einem feinen Sieb abtropfen lassen.

2 Senf und Mayonnaise unter den Cottage Cheese rühren. Eier schälen, fein hacken, unterrühren, würzen, gehackte Gewürztagetes zufügen.

3 Baguette in Scheiben schneiden. Eier-Cottage-Cheese-Tatar darauf verteilen. Mit Blüten garnieren.

Hauptspeisen

Rosenblüten-Lachs auf Orangen

4 Portionen Bio-Zuchtlachs

Rosenblütensalz, Seite 62, oder Kräuter-Rosenblüten-Salz, Seite 70

1 Duftrose

Olivenöl

2 Bio-Orangen

1 EL bester Balsamico

1 EL Akazienblütenhonig

Blüten

Thymian und Lavendel, evtl. zusätzlich Rosmarin und Ananassalbei

1 Rosenblütenblätter abzupfen, weißen Blattansatz abschneiden und Blütenblätter in Streifen schneiden.

2 Lachs mit Rosenblütensalz würzen und mit Rosenblütenstreifen bestreuen.

3 Orangen in Scheiben schneiden und entkernen, in der Bratpfanne in wenig Olivenöl erwärmen, mit Balsamico und Akazienhonig glasieren.

4 Lachs im nicht zu heißen Olivenöl auf beiden Seiten 2 bis 3 Minuten braten.

5 Glasierte Orangenscheiben auf vorgewärmten Tellern anrichten, Lachs daraufsetzen, mit Thymian- und Lavendelblüten garnieren.

Scharfe Zucchinisuppe mit Huhn und Dahlien

2 EL Olivenöl

1 mittelgroße Zwiebel, grob gehackt

3 cm frische Ingwerwurzel, geschält, klein gewürfelt

2 Zitronengrasstängel, grob geschnitten

8 Pfefferkörner, zerstoßen

8 große Verveineblätter

7 dl / 700 ml Kokosnussmilch

6 dl / 600 ml Gemüse- oder Hühnerbrühe

300 g Zucchini oder Kürbis (Butternut)

400 g Poulet- / Hähnchenbrust oder frischer Lachs, gewürfelt

1–2 kleine rote Chilischoten, entkernt, klein gewürfelt

wenig Zitronensaft, zum Abrunden

2 Dahlienblüten

Avocadoöl oder Olivenöl, zum Beträufeln

Weitere empfehlenswerte Blüten

Ringelblume, Sonnenblume, Zitronenthymian

1 Zwiebeln, Ingwer und Zitronengras im Olivenöl andünsten, Pfeffer, Verveine, Kokosnussmilch und Gemüsebrühe zugeben, die Suppe 10 Minuten bei schwacher Hitze köcheln lassen. Suppe durch ein Sieb passieren und in den Topf zurückgeben.

2 Zucchini mit Schale oder geschälten, entkernten Kürbis auf einer groben Reibe zur Suppe reiben. Suppe aufkochen, Pouletfleisch zugeben, bei schwacher Hitze 7 Minuten ziehen lassen. Lachs nur 3 Minuten ziehen lassen.

3 Blütenblätter von der Dahlie abzupfen, in Streifen schneiden.

4 Chili zur Suppe geben, mit Zitronensaft abschmecken. Anrichten. Mit Blütenstreifen bestreuen und mit Avocadoöl beträufeln.

Zucchiniquiche mit Verveine

für ein Kuchenblech von 30 cm Durchmesser

Mürbeteig

250 g feines Dinkelvollkorn- oder Halbweißmehl

125 g kalte Butterstückchen

2 Eigelbe

1 Prise Meersalz

Belag

2 EL Olivenöl

4 kleine Zucchini

1 große Zwiebel

1 Knoblauchzehe

Salz

frisch gemahlener Pfeffer

1 unbehandelte Zitrone, abgeriebene Schale

gehackte Verveineblätter

Guss

2 dl / 200 ml Rahm / Sahne

200 g Feta

3 Eigelbe

2 TL gehackte Thymian- und Rosmarinblüten

Blüten

Taglilie, Kapuzinerkresse, Zwiebel

1 Am einfachsten und schnellsten ist der Mürbeteig zubereitet, wenn man alle Zutaten in den Cutter gibt und die Maschine laufen lässt, bis man einen weichen Teig hat. Oder von Hand: Mehl und Butterstückchen krümelig reiben, Eigelbe und Salz zugeben, zu einem Teig zusammenfügen. Nicht kneten. Teig zwischen Klarsichtfolien auf Formgröße ausrollen, in die eingefettete Form legen. Mindestens 30 Minuten kühl stellen.

2 Für den Guss den Feta in einer Schüssel mit einer Gabel zerdrücken, Rahm, Eigelbe und Blüten unterrühren.

3 Zucchini beidseitig kappen und in feine Scheiben schneiden. Zwiebel in Streifen schneiden. Knoblauch in feine Scheiben schneiden. Zucchini, Zwiebeln und Knoblauch im Olivenöl kurz dünsten, auskühlen lassen. Mit Salz, Pfeffer, Zitronenschale und Verveine würzen.

4 Zucchini-Zwiebel-Masse auf dem Teigboden verteilen, Guss darüber verteilen.

5 Quiche auf der zweituntersten Schiene in den auf 200 °C vorgeheizten Ofen schieben, 30 Minuten backen. Mit fein geschnittenen Blüten garnieren.

Spaghetti mit Taglilienknospen und Krevetten

400 g Spaghetti

4 EL Olivenöl

300 g Bio-Krevetten / -Garnelen

1 große Handvoll Taglilienknospen und Blüten, fein geschnitten

2 EL fein gehackte glattblättrige Petersilie

Salz

frisch gemahlener Pfeffer

1 Spaghetti in reichlich Salzwasser al dente kochen, abgießen.

2 Krevetten im Olivenöl kurz braten, Taglilien und Petersilie unterrühren, mit Salz und Pfeffer abschmecken, Spaghetti untermischen. In vorgewärmten Tellern anrichten.

Pappardelle mit Kürbiskern-Rucola-Pesto und Sommerblumenblüten

400 g Pappardelle (breite Nudeln)

Pesto

4 EL Kürbiskerne

4–6 EL Olivenöl

½ Zitrone, Saft

frisch gemahlener Pfeffer

100 g Feta oder Frischkäse, evtl. Ziegenfrischkäse

1 Bund Rucola, grob geschnitten

1 Stück Sbrinz oder Parmesan, zerbröckelt

Blüten

Nelke, Kornblume, Ringelblume; gut dazu passen auch Blüten von Bärlauch, Rucola, Lauch, Federkohl

1 Für den Pesto alle Zutaten zu einer feinen Masse mixen.

2 Pappardelle in reichlich Salzwasser al dente kochen, abgießen, noch heiß mit dem Pesto mischen, in vorgewärmten tiefen Tellern anrichten, mit den Blüten garnieren.

Variante Pappardelle mit gebratenen Lachswürfeln anreichern.

Lammspießchen mit Ofenkartoffeln

500 g Lammfilet, in Würfeln oder Scheiben

1 Handvoll gemischte Blüten und Kräuter, z. B. Lavendel- und Majoranblüten, Blüten und Blätter von Zitronenthymian, einige Ysopblüten (nicht zu viele), 2 Salbeiblätter, 2–4 Verveineblätter

Blütensalz aus Blüten von Thymian, Rose und Salbei, Seite 62

Olivenöl

Ofenkartoffeln

1 kg erntefrische kleine Kartoffeln

2 EL Olivenöl

Kräutersalz

1 Handvoll gemischte Kräuter/Blüten, bestehend aus Lavendelblüten, Blüten und Blättern von Zitronenthymian und Salbei, 2 Duftrosenblüten, 1–2 Ringelblumenblüten, Orangenminzeblättchen

1 Blüten und Kräuter für das Fleisch fein hacken. Lammfiletwürfel/-scheiben auf Spießchen stecken, in der Kräuter-Blüten-Mischung wenden, mit dem Blütensalz leicht salzen. Lammspießchen kurz vor dem Servieren im Olivenöl von allen Seiten kurz braten. Das Fleisch sollte innen noch leicht rosa sein.

2 Blüten und Kräuter für die Kartoffeln fein hacken. Kartoffeln auf einem Blech mit Kräutersalz und Olivenöl mischen, im Ofen bei 220 °C 25 bis 30 Minuten braten. Vor dem Servieren in der Blütenmischung wenden, nach Belieben mit wenig Olivenöl beträufeln.

Tipp Die Kräuter-Blüten-Mischung der Kartoffeln zum Parfümieren eines erfrischenden Sommergetränkes verwenden. Mischung mit 2 EL Blütenzucker, Seite 142, und einer halben zerkleinerten Zitrone in 1 Liter kaltes Wasser geben und mindestens 2 Stunden oder über Nacht stehen lassen, abseihen. Ein aromatisches Getränk mit einer wunderschönen Farbe.

Tagliatelle mit Lachs-Kräuter-Butter

400 g Tagliatelle

50 g weiche Butter

50 g Wildlachs, fein geschnitten

1 unbehandelte Zitrone, wenig abgeriebene Schale

10 Basilikumblätter, fein geschnitten

20 Rosmarinblüten

Zitronenblütensalz, Seite 62

1 Prise Pfeffer

Olivenöl

12 Cherrytomaten

Blüten

Rosmarin, Kapuzinerkresse, Taglilie

1 Für die Lachs-Kräuter-Butter Lachs, Zitronenschalen, Kräuter und Blüten unter die weiche Butter rühren, mit Zitronenblütensalz und Pfeffer abschmecken.

2 Tagliatelle in reichlich Salzwasser al dente kochen, abgießen.

3 Bei den Cherrytomaten den Stielansatz ausstechen, Tomaten halbieren, im Olivenöl erwärmen, Lachs-Kräuter-Butter zugeben und schmelzen. Tagliatelle zugeben, gut mischen. Auf vorgewärmten Tellern anrichten. Mit den Blüten garnieren.

Zitronen-Spaghetti mit Ringelblumen und Zitronenblüten

300 g Spaghetti

6–8 EL Olivenöl

1 Bund glattblättrige Petersilie, Blättchen abgezupft und gehackt

1 TL gehackte Verveine

3 unbehandelte Zitronen, abgeriebene Schale und Saft

2–3 EL geröstete Pinienkerne

grob geriebener Parmesan

Blüten

Zitrone, Ringelblume

1 Spaghetti in reichlich Salzwasser al dente kochen, abgießen.

2 Die noch heißen Spaghetti mit Olivenöl, Petersilie, Verveine, Zitronenschale und -saft mischen. Spaghetti in vorgewärmten Tellern anrichten. Mit Pinienkernen, Parmesan und Blüten garnieren.

Spaghetti mit Salbei und Lavendel

400 g Spaghetti

reichlich Olivenöl

1 Handvoll Salbeiblätter

5 Knoblauchzehen, fein gewürfelt

2–3 EL Sonnenblumenkerne

Blüten von Lavendel und Duftrose, fein gehackt

Blüten

Ysop

1 Spaghetti in reichlich Salzwasser al dente kochen, abgießen.

2 Salbei, Knoblauch und Sonnenblumenkerne im Olivenöl kurz rösten, nicht zu lange, sonst wird der Knoblauch bitter. Blüten und Spaghetti zugeben, alles gut mischen. In vorgewärmten Tellern anrichten. Mit den Ysopblüten garnieren.

Kartoffelsalat mit geräucherter Forelle

1 kg neue Kartoffeln

2 geräucherte Forellenfilets

1 rote Zwiebel, in feinen Ringen

Sauce

2 EL Mayonnaise

1 EL fein gehackte Ysopblätter und -blüten

2 TL Senf

4 EL Blütenessig, z. B. Rosenblütenessig, Seite 140

2 EL Olivenöl

2 EL Haselnussöl oder 4–6 EL Olivenöl

abgezupfte Estragonblättchen oder fein geschnittene glattblättrige Petersilie

frisch geriebener Meerrettich, nach Belieben

Blüten

Kapuzinerkresse, Rucola, Zierlauch, Brokkoli, Estragon, Senf, Funkie, Ysop, Fenchel (Bild), Begonie (Bild)

1 Sauce zubereiten.

2 Kartoffeln in der Schale im Dampf weich kochen. Noch warm schälen und in Scheiben schneiden. Kartoffelscheiben auf einer Platte anrichten, mit der Sauce beträufeln. Forelle darauflegen, mit den Blüten garnieren. Mit Meerrettich abschmecken.

Kartoffelpüree mit Scampi und Blüten

Kartoffelpüree

1 kg mehligkochende Kartoffeln

1 Süßkartoffel

1 dl / 100 ml Rahm / Sahne

2–3 EL Olivenöl

Meersalz

frisch geriebene Muskatnuss

frisch gemahlener Pfeffer

1 Zweig Ananassalbei, Blätter abgezupft und fein gehackt

Ananassalbeiblüten

Scampi

Olivenöl

12 Scampi

Zitronensalz, Seite 62

Blüten von Thymian, Ysop, Rose, Lavendel, Oregano, abgezupft und gehackt

1 unbehandelte Zitrone, wenig abgeriebene Schale

1 Kartoffeln und Süßkartoffel schälen und in Würfel schneiden. Im Dampf weich garen. Rahm und Olivenöl erhitzen, mit Salz, Muskatnuss und Pfeffer würzen. Kartoffeln / Süßkartoffel durch das Passevite / die Flotte Lotte direkt zum Rahm drehen und unterrühren. Vor dem Servieren nochmals erhitzen, Kräuter unterrühren.

2 Scampi auf Spießchen stecken, mit Zitronensalz, Blüten und Zitronenschale würzen. Im Olivenöl rundum kurz braten.

3 Kartoffelpüree und Scampispießchen auf vorgewärmten Tellern anrichten, mit den Ananassalbeiblüten garnieren.

Garnitur Gleiche Blüten wie für die Scampi verwenden.

Kürbisrisotto mit Nachtkerzenblüten

2 EL Olivenöl
1 EL Butter
1 kleine Zwiebel oder Schalotte, fein gewürfelt
300 g Risottoreis
1 dl / 100 ml Weißwein
1 Briefchen Safranfäden, in wenig Wasser eingeweicht
1 l heiße Gemüse- oder Hühnerbrühe
10 Verveineblätter
300 g Kürbis (Butternut)
150 g Gorgonzola
frisch gemahlener Pfeffer

Blüten
Nachtkerze, Ringelblume, Sonnenblume, Topinambur, Malve, Kürbis, Zucchini

geriebener Sbrinz oder Parmesan
Olivenöl

1 Kürbis schälen und entkernen, auf einer groben Reibe reiben.

2 Zwiebeln in der Mischung aus Olivenöl und Butter andünsten, Reis mitdünsten und glasig werden lassen, mit Weißwein ablöschen, eingeweichte Safranfäden und Gemüsebrühe zugeben, Verveine mitkochen, Risotto häufig rühren. Nach 10 Minuten Kürbis zugeben, weitere 10 Minuten köcheln. Verveine entfernen. Gorgonzola unterrühren, mit Pfeffer abschmecken. Der Risotto sollte noch leicht flüssig sein.

3 Kürbisrisotto in vorgewärmten tiefen Tellern anrichten. Mit Blüten bestreuen. Am Tisch mit Olivenöl beträufeln und mit geriebenem Käse bestreuen.

Tipp Kürbis- und Zucchiniblüten im Olivenöl kurz braten.

Desserts

Pfirsiche mit Holunderblüten-Zabaione

Rotweinpfirsiche

4 reife, schnittfeste Pfirsiche, am besten weiße

1½ dl–2 dl / 150–200 ml Rotwein

2 EL Rosenblütenwasser

2 EL Akazienblütenhonig

Holunderblüten-Zabaione

3 Eigelbe

1 Ei

3 EL Akazienblütenhonig

1 dl / 100 ml Holunderblüten- oder Mädesüß- oder Rosenweißwein

Blüten

Geißblatt, Jasmin, Rose

1 Pfirsiche halbieren und entsteinen, Fruchthälften in Spalten schneiden. Rotwein, Rosenblütenwasser und Akazienblütenhonig in einem Topf erhitzen, die Pfirsiche in den Fond legen und je nach Reifegrad etwa 5 Minuten pochieren. Abkühlen lassen.

2 Zutaten für die Zabaione in eine Chromstahlschüssel geben und über kochendem Wasser luftig-cremig schlagen.

3 Rotweinpfirsiche anrichten, Zabaione darüber verteilen. Mit den Blüten garnieren.

Tipp Für dieses Rezept eignen sich auch Erdbeeren oder frische Feigen.

Rosenblütenwasser Ein kleines Glas mit Schraubverschluss mit abgezupften Rosenblütenblättern (weißen Blattansatz entfernen) füllen, mit heißem Wasser auffüllen. Glas verschließen. Über Nacht ziehen lassen. Auch im Reformhaus und Bioladen erhältlich.

Blütenwein 3–4 Holunder- oder Mädesüßblütendolden oder 2–5 Duftrosenblüten (Blütenblätter abgezupft, weißer Blattansatz entfernt) in ein Glas mit Schraubverschluss (1 l Inhalt) füllen. Mit Weißwein auffüllen. Glas verschließen. 2 bis 3 Tage ziehen lassen.

Frische Feigen mit Rosenschaum

8 erntefrische Feigen
2 dl / 200 ml Rotwein
2 EL Zitronensaft
100 g Zucker oder Akazienblütenhonig

Rosenschaum

2 Eigelbe
25 ml Rosenblütenwasser, Seite 106
25 ml Rosenblütensirup, Seite 137
½ Briefchen Vanillezucker
150 g Mascarpone
1½ dl / 150 ml Halbrahm / Sahne
1 Handvoll Rosenblütenblätter

Blüten

eingezuckerte Rosen- oder Veilchenblüten, Seite 143

1 Bei den Rosenblütenblättern weißen Blattansatz abschneiden, Blätter in eine kleine Schüssel geben, Halbrahm dazugießen, zugedeckt 24 Stunden in den Kühlschrank stellen und den Rahm aromatisieren. Abseihen. Blütenblätter ausdrücken und wegwerfen.

2 Stielansatz der Feigen abschneiden, Früchte in Schnitze schneiden. Rotwein, Zitronensaft und Honig aufkochen. Feigen in den Fond legen und zugedeckt marinieren.

3 Für den Rosenschaum Eigelbe, Rosenblütenwasser, Rosenblütensirup und Vanillezucker zu einer luftigen, cremigen Masse aufschlagen. Mascarpone unterrühren. Rahm halbsteif schlagen, vorsichtig unterziehen.

4 Marinierte Feigen auf Glasschalen verteilen, Rosenschaum darüber verteilen. Mit eingezuckerten Blüten garnieren.

Mandel-Blüten-Kuchen

für ein rundes Blech von 28 cm Durchmesser

1 Portion Mürbeteig, Seite 121

Belag

2 Eigelbe

75 g Rosenblüten-Pelargonienblütenzucker, Seite 142

2 dl / 200 ml Rahm / Sahne

1 unbehandelte Zitrone, abgeriebene Schale

1 EL Pfeilwurzmehl oder Maisstärke

100 g geriebene, geschälte Mandeln

1 Handvoll duftende Blüten von Duftrose, Pelargonie, sehr fein geschnitten

2 Eiweiß

Blüten

eingezuckerte Blüten, Seite 143

1 Mürbeteig zwischen Klarsichtfolien auf Blechgröße ausrollen, in das eingefettete Blech legen, kühl stellen.

2 Backofen auf 200 °C vorheizen.

3 Eigelbe und Blütenzucker zu einer luftigen, cremigen Masse aufschlagen. Rahm und Zitronenschale unterrühren. Pfeilwurzmehl darübersieben und Mandeln darüberstreuen, fein geschnittene Blüten zugeben, alles unterrühren. Eiweiß steif schlagen und unterziehen. Auf dem Teigboden verteilen.

4 Mandel-Blüten-Kuchen in der Mitte in den Ofen schieben und bei 200 °C 20 bis 25 Minuten backen. Eventuell mit Alufolie abdecken.

5 Kuchen vor dem Servieren mit den eingezuckerten Blüten garnieren.

Rosen-Panna-Cotta mit Walderdbeeren

für 4–6 Portionsförmchen, je nach Größe

3 dl / 300 ml Rahm / Sahne

2 Duftrosen oder
1 Holunderblütendolde

2 g Agar-Agar-Pulver (Reformhausqualität)

50 g Zucker

2 TL Rosenblütenwasser, Seite 106

Walderdbeeren oder andere Saisonfrüchte

Rosenblütensirup, Seite 137

Rosenblütenwasser, Seite 106

Blüten

Stiefmütterchen, Taglilie, Rose

1 Bei den Rosenblütenblättern weißen Blattansatz abschneiden. Blütenblätter in eine kleine Schüssel geben und den Rahm dazugießen, zugedeckt 24 Stunden in den Kühlschrank stellen und den Rahm aromatisieren. Abseihen. Blütenblätter ausdrücken.

2 Aromatisierten Rahm, Agar-Agar-Pulver und Zucker in einem Topf glatt rühren, unter Rühren aufkochen und mit dem Rosenblütenwasser parfümieren. Creme in die kalt ausgespülten Portionsförmchen gießen, abkühlen lassen, 4 Stunden kühl stellen.

3 Panna-Cotta-Köpfchen auf Teller stürzen, mit Walderdbeeren oder anderen Saisonfrüchten umgeben, mit Rosenblütensirup und ein paar Tropfen Rosenblütenwasser verfeinern. Mit Blüten garnieren.

Holunderblüten-Panna-Cotta Rosenblüten durch eine Holunderblütendolde ersetzen. Diese auf Ungeziefer kontrollieren. Blüten von der Dolde zupfen. Blütenwasser und Sirup mit Holunderblüten zubereiten.

Frischkäsekuchen mit Duftpelargonien

für eine runde Form von 20 cm Durchmesser

4 Eier, getrennt

150 g Akazienblütenhonig

250 g Frischkäse

180 g Crème fraîche

100 g erkaltete, flüssige Butter

2 unbehandelte Zitronen, abgeriebene Schale

1 EL gehackte Zitronenmelisse oder Verveine

Duftpelargonien und Himbeeren, für die Garnitur

1 Eigelbe und Honig zu einer luftig-cremigen Masse aufschlagen. Frischkäse, Crème fraîche, flüssige Butter, Zitronenschale und Kräuter unterrühren. Eiweiß steif schlagen und unterheben. In die eingefettete Form füllen.

2 Frischkäsekuchen in der Mitte in dem auf 160 °C vorgeheizten Ofen 50 Minuten backen. Stäbchenprobe machen.

3 Ausgekühlten Frischkäsekuchen mit Duftpelargonien und Himbeeren garnieren.

Holunderblüten im Ausbackteig

Holunderblütendolden oder Akazienblüten

2 Eier

1 dl / 100 ml Milch

125 g feinstes Dinkelvollkornmehl / -ruchmehl

1 EL Lindenblütenhonig

Olivenöl, zum Ausbacken

1 Eier und Milch verquirlen, Mehl unterrühren, mit dem Lindenblütenhonig abschmecken. Teig 30 Minuten quellen lassen.

2 Holunderblütendolden auf Ungeziefer kontrollieren.

3 Dolden / Blüten durch den Ausbackteig ziehen, im Olivenöl ausbacken.

Jasminflan mit Melonencoulis

für 6 Portionsförmchen

Jasminflan

2½ dl / 250 ml Rahm / Sahne

1 Handvoll echte Jasminblüten

4 Eier

3 EL Zucker oder Akazienblütenhonig

Melonencoulis

½ reife Honigmelone

2 EL Orangenblütenwasser, Seite 106

2 EL Holunderweißwein, Seite 106

1–2 EL Holunderblütensirup, Seite 137

Verveine- oder Orangenminzeblättchen, für die Garnitur

Blüten

Echter Jasmin, Zitrone, Geißblatt

1 Jasminblüten und Rahm in einem Schüsselchen mischen, im Kühlschrank zugedeckt 24 Stunden stehen lassen. Blüten ausdrücken. Abseihen. Blüten wegwerfen.

2 Eier und Zucker verquirlen, aromatisierten Rahm unterrühren. Auf die Portionsförmchen verteilen.

3 Jasminflans im Wasserbad bei 120 °C 120 Minuten pochieren. Erkalten lassen.

4 Für das Melonencoulis die Melone entkernen und schälen, Fruchtfleisch in Würfelchen schneiden, mit übrigen Zutaten mischen. Zugedeckt marinieren.

5 Jasminflans auf Teller stürzen, mit dem Melonencoulis umgeben. Mit Verveine und Blüten garnieren.

Duftpelargoniencake

für eine Cake-/Kastenform von 20 cm Länge

125 g weiche Butter

125 g Blütenzucker, Seite 142

½ TL Vanillepulver

1 TL Rosenblütenwasser, Seite 106

2 Eier

125 g Weißmehl

½ TL phosphatfreies Backpulver

einige fein gehackte Duftpelargonienblütenblätter

Butter, für die Form

1 EL Blütenzucker, für die Form, Seite 142

Duftpelargonien

eingezuckerte Duftpelargonienblüten, nach Belieben

1 Form mit Butter einfetten und mit Blütenzucker ausstreuen. Duftpelargonienblütenblätter in die Form legen.

2 Backofen auf 175 °C vorheizen.

3 Butter luftig aufschlagen, Blütenzucker, Vanillepulver, Rosenblütenwasser und Eier zugeben, rühren, bis sich der Zucker aufgelöst hat. Mehl, Backpulver und fein gehackte Blütenblätter untermischen. Teig in die vorbereitete Form füllen.

4 Form in der Mitte in den Ofen schieben, Duftpelargoniencake bei 175 °C 30 Minuten backen. Auskühlen lassen. Mit den eingezuckerten Blüten garnieren.

Blütencrêpes

2 dl / 200 ml Kokosnussmilch

4 EL gemischte Blüten: Stiefmütterchen, Ringelblume, Veilchen, Rose, Duftpelargonie, Minze usw.

1 EL Blütenzucker, Seite 142

1 Prise Meersalz

2 große oder 3 kleine Eier

170 g Dinkelweißmehl

Butter oder Olivenöl, zum Braten

300–400 g Himbeeren

3–4 EL Hagebuttenkonfitüre

Schlagrahm / -sahne

1 Für den Crêpeteig Kokosnussmilch und Blüten mixen oder Blüten von Hand fein schneiden und unterrühren. Übrige Zutaten zugeben, glatt rühren. Teig 30 Minuten ruhen lassen.

2 Aus dem Teig in wenig Butter oder Olivenöl dünne Crêpes ausbacken. 2-mal falten und warm halten.

3 Himbeeren in der Hagebuttenkonfitüre erwärmen, bei Bedarf etwas Wasser oder Rosenblütensirup zugeben, auf den Crêpes anrichten, mit Schlagrahm garnieren.

Orangen-Kiwi-Cocktail mit Cointreau und Granatapfelkernen

2 Kiwis

2–3 Bio-Orangen

2–3 EL Cointreau oder Orangenlikör

1 Briefchen Vanillezucker mit echter Bourbonvanille

1 Granatapfel

einige Minzeblättchen

Blüten
Ananassalbei, Duftrose, Geißblatt, Glockenblume, Veilchen, Stiefmütterchen

1 Kiwis schälen, Blüten- und Stielansatz abschneiden, Früchte in Viertel und diese in Würfel schneiden.

2 Orangen großzügig schälen, auch die weiße Haut entfernen. Fruchtfilets aus den Trennhäutchen schneiden, entkernen, eventuell halbieren.

3 Orangen und Kiwis mit Vanillezucker und Cointreau mischen, 1 bis 2 Stunden marinieren.

4 Granatapfel halbieren, Kerne mit einem Löffel aus der Schale in eine Schüssel klopfen.

5 Kiwi-Orangen-Mix in Gläser füllen, Granatapfelkerne darüberstreuen, mit Minzeblatt und Blüten garnieren.

Variante Cocktail mit Rosenblütenwasser, Seite 106, verfeinern.

Zitronentarte mit Verveine

für eine Springform von 26 cm Durchmesser

Mürbeteig

- 250 g Dinkelweißmehl
- 125 g kalte Butterstückchen
- 2 EL kaltes Wasser
- 2 Eigelbe

Auskernbohnen zum Blindbacken

Füllung

- 3 unbehandelte Zitronen, abgeriebene Schale und Saft
- 2 EL Zitronenöl (Olivenöl mit 20% Zitrone aromatisiert) oder Olivenöl
- 2 Eier
- 180 g Zucker
- 180 g Crème fraîche
- 1 EL fein geschnittene Verveine- oder Pelargonienblätter und -blüten

Blüten

eingezuckerte Blüten, Seite 143

1 Am schnellsten ist der Teig zubereitet, wenn man alle Zutaten in den Cutter gibt und die Maschine laufen lässt, bis man einen kompakten, aber noch weichen Teig hat. Ohne Cutter: Mehl und Butter krümelig reiben, Wasser und Eigelbe zugeben, zu einem Teig zusammenfügen, nicht kneten. Teig in Klarsichtfolie einwickeln, rund 30 Minuten kühl stellen.

2 Backofen auf 180 °C vorheizen.

3 Alle Zutaten für die Füllung gut verrühren.

4 Boden der Springform mit Backpapier belegen, Rand einfetten. Etwa zwei Drittel der Teigmenge direkt auf dem Boden der Form ausrollen. Das geht am besten, wenn man eine Klarsichtfolie auf den Teig legt (verhindert ein Kleben am Teigholz). Ring aufsetzen. Aus dem restlichen Teig eine Rolle formen, an den Rand legen und etwa 3 cm hoch formen. Ein Backpapier auf den Teig legen, mit den Bohnen bedecken.

5 Form in der Mitte in den Ofen schieben, Mürbeteigboden bei 180 °C 15 Minuten blind backen. Auskernbohnen und Backpapier entfernen, weitere 5 Minuten backen. Füllung auf den Teigboden gießen. Zitronentarte 30 Minuten backen. Stäbchenprobe machen. Auskühlen lassen.

6 Zitronentarte mit den eingezuckerten Blüten garnieren.

Quarktorte mit Ananassalbei

für eine Springform von 24 cm Durchmesser

Mürbeteig

- **60 g kalte Butter**
- **30 g Zucker**
- **1 Prise Meersalz**
- **1 Prise Vanillepulver**
- **1 Eigelb**
- **90 g Dinkelweiß- oder -ruchmehl**
- **30–40 g dunkle Kuvertüre, zum Bestreichen des Mürbeteigbodens**

Quarkcreme

- **250 g Vollmilchquark**
- **3 EL Crème fraîche**
- **3 EL Akazienblütenhonig**
- **1 EL Blütenzucker, Seite 142**
- **1 EL fein geschnittene Ananassalbeiblätter**
- **½ dl / 50 ml Schlagrahm / -sahne**
- **1½ dl / 150 ml Rahm / Sahne**
- **3–4 g (1 TL) Agar-Agar-Pulver (Reformhausqualität)**

Blüten

Ananassalbei, Cassissalbei, Rose

1 Den Boden der Springform mit Backpapier belegen.

2 Für den Mürbeteig alle Zutaten in den Cutter geben und rasch zu einem Teig verarbeiten. Direkt auf dem mit Backpapier belegten Boden mit Hilfe einer Klarsichtfolie 3 mm dick ausrollen. Klarsichtfolie entfernen. Ring aufsetzen. Teig 30 Minuten kühl stellen.

3 Backofen auf 160 °C vorheizen. Teigboden 20 Minuten backen. Auskühlen lassen. Kuvertüre in einem Schüsselchen im heißen Wasserbad schmelzen, Biskuitboden damit bepinseln.

4 Quark, Crème fraîche, Akazienblütenhonig, Blütenzucker, Ananassalbeiblätter und Schlagrahm verrühren. Restlichen Rahm mit Agar-Agar-Pulver in einem kleinen Topf unter Rühren aufkochen, unter die Quarkmasse rühren. Masse auf den Kuchenboden gießen, glatt streichen. Quarktorte kühl stellen. Vor dem Servieren mit Blüten garnieren.

Zitronenthymiansorbet mit Melonensalat

125 g Thymianzucker

4½ dl / 450 ml Wasser

2 unbehandelte Zitronen, abgeriebene Schale und Saft

25 g Zitronenthymianblättchen

Melonensalat

je ½ Cavaillon- und Netzmelone (oranges und gelbes Fruchtfleisch)

4 EL Lavendel- oder Rosenblütensirup, Seite 137

5 Verveineblätter, fein geschnitten

10 intensiv duftende Minzeblättchen, fein geschnitten

2–3 EL Rosenblütenwasser, Seite 106

Blüten

Minze, Verveine, Malve, Ananas- oder Cassissalbei

1 Thymianzucker, Wasser und Zitronenschale 5 Minuten kochen, Zitronenthymianblätter zugeben. Abkühlen lassen. Zitronensaft zugeben. Abseihen. Limonade in der Eismaschine gefrieren lassen.

2 Melonenhälften entkernen und schälen, in Würfel schneiden. Mit den übrigen Zutaten mischen. 30 Minuten marinieren.

3 Melonenwürfel auf Teller verteilen. Vom Sorbet mit dem Eisportionierer Kugeln abstechen, darauf anrichten, mit Blüten garnieren.

Thymianzucker 5 bis 6 Thymianblütenzweiglein mit Zucker in ein Glas mit Schraubverschluss (3 dl / 300 ml) füllen. 3 Wochen ziehen lassen. Blüten entfernen. Der Thymianzucker ist ein wenig feucht. Für Eisspezialitäten und Backwaren spielt das keine Rolle. Man kann die Thymianblüten auch zuerst trocknen und dann in den Zucker einlegen. Der Zucker wird jedoch mit frischen Blüten intensiver. Auf dieselbe Weise kann Thymiansalz zubereitet werden.

Sorbetvariationen Gleiche Zubereitung mit Minze und Verveine.

Lavendelparfait mit Kumquats und Jasminblüten

für 4 Portionsförmchen

125 g Lavendelzucker

4 Eigelbe

2–3 EL Lavendelblütensirup, Seite 137, je nach Intensität des Lavendelzuckers

2 dl / 200 ml Rahm / Sahne

Kumquatkompott

12–16 Kumquats

2 EL Lavendel- oder Rosenblütensirup, Seite 137

Blüten

Echter Jasmin, Zitrone, Rose, Duftpelargonie, Ananassalbei, Geißblatt, Sommerflieder

1 Lavendelzucker und Eigelbe mit Handmixer oder in der Küchenmaschine zu einer luftigen, cremigen Masse aufschlagen. Zuerst Lavendelsirup, dann steif geschlagenen Rahm unterziehen. Parfaitmasse in die Förmchen füllen. Mindestens 3 Stunden tiefkühlen.

2 Für das Kompott Kumquats längs vierteln, unter Zugabe von wenig Wasser und Sirup einmal aufkochen, abkühlen lassen.

3 Lavendelparfait auf Teller stürzen, mit Kumquats und Blüten garnieren.

Lavendelzucker 5 bis 6 Lavendelblütenzweiglein mit Zucker in ein Glas mit Schraubverschluss (3 dl / 300 ml) füllen. Etwa 3 Wochen ziehen lassen. Blüten entfernen. Der Lavendelzucker ist ein wenig feucht. Für Eisspezialitäten und Backwaren spielt das keine Rolle. Man kann die Lavendelblüten zuerst auch trocknen und danach in den Zucker einlegen. Der Zucker wird aber mit frischen Blüten intensiver. Auf dieselbe Weise kann Lavendelsalz zubereitet werden.

Kumquat Das etwas bittere Aroma passt sehr gut zum süßen Lavendelparfait.

Lavendelflan

für 4 Förmchen

3 dl/300 ml Milch
2–3 Lavendelblütenzweige
100 g Doppelrahm/ Crème double
4 Eigelbe
2 Eier
100 g Lavendelblütenhonig

Butter, für die Förmchen

Zucker
Lavendelblütensirup, Seite 137

1 Backofen auf 100 °C vorheizen. Förmchen mit Butter einfetten.

2 Milch und Lavendelzweige aufkochen, 2 Minuten köcheln lassen, Doppelrahm zugeben, weitere 2 Minuten köcheln lassen. Auf der ausgeschalteten Wärmequelle einige Minuten ziehen lassen. Lavendel entfernen.

3 Eigelbe, Eier und Lavendelblütenhonig mit Handmixer oder in der Küchenmaschine zu einer luftigen, cremigen Masse aufschlagen. Lavendelmilch unterrühren. In die vorbereiteten Förmchen füllen.

4 Förmchen in der Mitte in den Ofen stellen, Lavendelflans bei 100 °C 30 Minuten stocken lassen. Ofen ausschalten. Flans im Ofen 20 Minuten stehen lassen.

5 Lavendelflans mit Zucker bestreuen, auf Grillstufe oder mit einem Bunsenbrenner karamellisieren, mit Lavendelsirup beträufeln.

Melonenkügelchen mit Malven- und Minzeblüten

je ½ orange und gelbe Honigmelone
4 EL Rosenblütenwasser, Seite 106
2–3 EL Grand Marnier
2 EL abgezupfte Rosenblütenblätter
15 Minzeblüten
4 Malvenblüten, Blütenblätter in Streifchen

Blüten
Cassis- und Ananassalbei

1 Weißen Ansatz der Rosenblütenblätter abschneiden.

2 Melonenhälften entkernen, das Fruchtfleisch mit einem Kugelausstecher portionieren.

3 Rosenblütenwasser, Grand Marnier und Rosenblütenblätter in eine Schüssel geben. Melonenkügelchen, Minze- und Malvenblüten zugeben, vorsichtig mischen. 30 Minuten marinieren.

4 Melonen anrichten, mit Ananas- und Cassissalbeiblüten garnieren.

Minzeeiscreme

1½ dl / 150 ml Wasser
110 g Zucker
1 Handvoll stark duftende Minzeblätter
1 Zitrone, Saft
1½ dl / 150 ml Rahm / Sahne

Blüten
Minze

1 Wasser und Zucker 5 Minuten kochen, abkühlen lassen.

2 Zuckersirup und Minzeblätter fein mixen. Zitronensaft zugeben, abseihen. Rahm unterrühren.

3 Den Minzerahm in der Eismaschine gefrieren lassen. Das Eis portionieren. Mit Minzeblüten garnieren.

Getränke

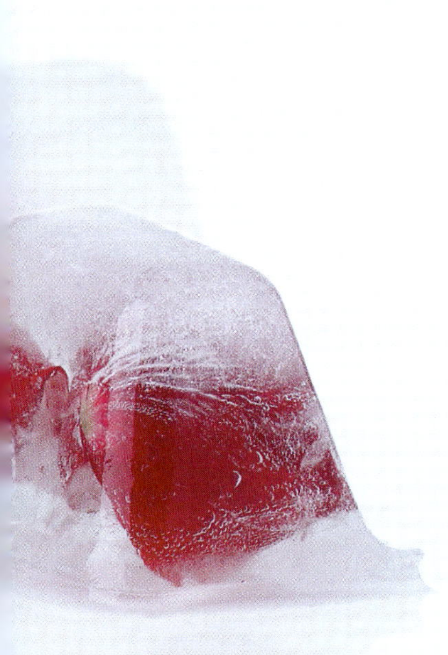

Duftrosen-Rotwein mit Erdbeeren

Aperitif

- ½ l Rotwein
- 5 Duftrosenblüten
- 200 g Erdbeeren
- 1–2 EL Rosenblütenwasser, Seite 106
- 4 EL Cointreau

Blüten

Echter Jasmin, Rose, Veilchen

1 Rosenblütenblätter abzupfen und weißen Blattansatz abschneiden. Im Rotwein über Nacht ziehen lassen, abseihen.

2 Wein und zerkleinerte Erdbeeren mixen, mit Rosenblütenwasser und Cointreau abschmecken.

3 Aperitif in Gläsern anrichten, mit den Blüten garnieren.

Serviervorschlag Mit zerbröckeltem Sbrinz/Pecorino servieren, den man mit einigen Tropfen bestem Balsamico beträufelt.

Kalter Blütentee

- 1 Handvoll gemischte Kräuter: Englische Minze, Orangenminze, Verveine, Blüten von Lavendel oder Rosen
- 4 EL weißer Zucker
- ½ Zitrone, zerkleinert
- 1 l kaltes Wasser

1 Alle Zutaten in das kalte Wasser geben und 2 oder mehrere Stunden stehen lassen.

2 Tee erst am Tisch abseihen, weil die Mischung in einem Glaskrug sehr dekorativ aussieht und mit der Zeit immer mehr Aroma abgibt.

Holunderblütendrink

20 getrocknete Blüten von schwarzem Holunder

300 g Zucker

1 unbehandelte Zitrone, abgeriebene Schale

1 Zutaten mehlfein cuttern, in einem Glas mit Schraubdeckel aufbewahren.

2 Je Tasse 2 EL Holunderblütenzucker mit kochendem Wasser übergießen, 5 Minuten ziehen lassen, abseihen.

Variante Holunderblüten durch Rosenblüten ersetzen.

Blütenwasser

1 l kaltes Wasser

2 Zweige Zitronenmelisse oder kräftige Minze oder Verveine oder 2 Holunderblütendolden oder Duftrosenblüten oder Zitronenblüten

1 Blüten und Wasser in einen Krug geben, 2 bis 3 Stunden stehen lassen. Abseihen.

2 Blütenwasser über Nacht kühl stellen.

Rosenbowle

für 1 Liter

10 stark duftende Rosen

2 EL Zucker

3½ dl / 350 ml Weißwein

2 dl / 200 ml Rum

2 EL Rosenblütenwasser, Seite 106

2 EL Rosenblütensirup, Seite 137

gekühlter Weißwein, Champagner oder Schaumwein

Rosenblütenwasser, Seite 106, nach Belieben

Blüten

Rosenblütenblätter

1 Rosenblütenblätter abzupfen, weißen Blattansatz abschneiden, mit übrigen Zutaten in eine Schüssel geben. 4 Stunden ziehen lassen.

2 Rosenblütenessenz in eine Bowle gießen, mit Weißwein, Champagner oder Schaumwein auffüllen. Mit Rosenblütenwasser abrunden. Mit Rosenblütenblättern garnieren.

Holunderblüten-Honigmelone-Bowle

2 unbehandelte Zitronen oder Limetten

4 Holunderblütendolden oder Zweige von Zitronenmelisse oder Verveine

1½ l Wasser

400 g Honigmelone

4 EL Agavendicksaft

½ Zitrone, Saft

1 Zitronen in Scheiben schneiden und entkernen. Holunderblütendolden auf Ungeziefer kontrollieren.

2 Zitronenscheiben und Blütendolden in eine Schüssel geben und mit dem Wasser auffüllen. Einen Tag zugedeckt ziehen lassen. Abseihen, die Flüssigkeit auffangen.

3 Melone halbieren, entkernen und schälen, eine Hälfte grob zerkleinern und pürieren, Püree unter das Holunderwasser rühren. Die zweite Melonenhälfte in Würfelchen schneiden und zur Bowle geben, mit Agavendicksaft und Zitronensaft abschmecken. Vor dem Servieren gut durchkühlen lassen.

Zitronenmelissenlimonade

125 g Zucker

4 unbehandelte Zitronen

1 Bund Zitronenmelisse, Blättchen abgezupft

1½ dl / 150 ml kochendes Wasser

6 dl / 600 ml Wasser oder kohlensäurehaltiges Mineralwasser

Blüten

Melisse, Minze oder Echter Jasmin

1 Zitronen mit dem Sparschäler möglichst dünn abschälen, Zitronen auspressen.

2 Zucker, Zitronenschale und Melisse in einen hitzebeständigen Glaskrug geben. Mit kochendem Wasser auffüllen und ziehen lassen. Zitronensaft zugeben. Abseihen.

3 Limonade in Gläser füllen, mit Wasser oder Mineralwasser verdünnen. Mit abgezupften Blütenblättern garnieren.

Variante Zitronenmelisse durch Verveine oder Minze ersetzen.

Rosenblütensirup

2 dl/200 ml Wasser

200 g Zucker

1 Handvoll abgezupfte Duftrosenblütenblätter, weißer Blattansatz entfernt

6 Zitronen, Saft

Wasser mit dem Zucker aufkochen, Rosenblütenblätter zugeben, zugedeckt abkühlen lassen. Zitronensaft zugeben. Abseihen. In eine Flasche füllen. Im Kühlschrank aufbewahren.

Tipp Für eine Limonade den Sirup mit kohlensäurehaltigem Mineralwasser aufgießen. Sehr dekorativ sieht die Limonade aus, wenn man Rosenblüteneiswürfel ins Glas gibt. Für die Eiswürfel Rosenblütenknospen oder -blätter in den Eiswürfelbehälter verteilen, mit Wasser füllen, im Tiefkühler gefrieren lassen (Seite 130).

Lavendelsirup 1 Handvoll blühende Lavendelzweiglein je Liter Flüssigkeit.

Blüten-Aperitif

Weißwein oder Sherry

Blüten

Kamelie, Duftrose, Dahlie, Hibiskus, Eibisch, Yucca filamentosa

In jedes Glas eine Blüte legen, mit Weißwein oder Sherry auffüllen. Der Blüte ins «Auge» schauen.

Basics

Blütenessig

½ l **Weißwein- oder Apfelessig**

4–8 EL Blüten

Blüten im Essig einige Wochen ziehen lassen, abseihen.

Blüten Sehr fein schmecken Rosenblüten- und Lavendelessig, aber auch ein gemischter Blütenessig kann zubereitet werden, je nach Blütenangebot im Garten. Er ist auch ein hübsches Geschenk.

Löwenzahnblütenhonig

für 3 Gläser

1 l Löwenzahnblüten

½ unbehandelte Zitrone, in Scheiben

1 l Wasser

1 kg Zucker

½ Vanilleschote, abgestreiftes Mark

1 Löwenzahnblüten entstielen und auf Insekten kontrollieren, ausschütteln. Blüten vierteln.

2 Löwenzahnblüten mit Zitronenscheiben und Wasser aufkochen, auf der ausgeschalteten Wärmequelle zugedeckt 30 Minuten ziehen lassen. Durch ein feines Sieb passieren.

3 Löwenzahnfond, Zucker und Vanillemark unter Rühren aufkochen, 2½ Stunden bei schwacher Hitze köcheln. Gelierprobe: Wenig Blütenhonig auf einen Teller geben; er hat die richtige Konsistenz, wenn er nicht mehr zerläuft. Löwenzahnblütenhonig in saubere, heiß ausgespülte Gläser füllen, verschließen.

Blütenlikör

Duftrosenblüten für ein Glas von ½ Liter Inhalt
Grappa oder Branntwein oder Kirsch
2½ dl / 250 ml Wasser
500 g Zucker

Rosenblütenblätter abzupfen, weißen Blattansatz abschneiden. Blütenblätter mit dem Grappa in das Glas füllen, 3 Wochen an einem dunklen, kühlen Ort ziehen lassen. Wasser und Zucker aufkochen, abkühlen lassen. Grappa abseihen, unter den Zuckersirup rühren.

Varianten Rosenblüten durch Thymian- oder Minzeblüten ersetzen.

Blütenzucker

350 g weißer Zucker
3–4 Handvoll Blütenblätter, z. B. von Lavendel, Goldmelisse, Duftrose, wenig Gewürztagetes, Flammenblume, Ananas- und Cassissalbei, Orangenminze, Thymian, Rosmarin

Blüten auf Ungeziefer kontrollieren. Blütenblätter abzupfen und mit Zucker mixen; ergibt einen leicht feuchten Zucker, was zum Backen keine Rolle spielt. Oder die Blütenblätter einige Tage am Schatten oder im Backofen bei 50 °C 3 bis 4 Stunden trocknen, mit dem Zucker im Cutter mahlen. In Gläsern mit Schraubverschluss aufbewahren.

Varianten und Tipps Zucker nur mit Rosenblüten oder Lavendel zubereiten. Ende Saison alle aromatisierten Zuckersorten mischen. Das Blütenpotpourri eignet sich zum Backen und zum Aromatisieren von Drinks und Cremes. Für Blütenzucker eignet sich nur raffinierter weißer Zucker. Bei Vollrohrzucker geht das Blütenaroma verloren.

Eingezuckerte Blüten

sehr frische ganze Blüten

1 Eiweiß

feiner weißer Zucker

Das Eiweiß gut verquirlen, es soll weiß, aber noch flüssig sein. Blüten säubern und auf Ungeziefer kontrollieren. Grüne Teile abzupfen oder abschneiden. Blüten mittels Pinsel mit verquirltem Eiweiß bepinseln und sorgfältig mit feinem Zucker bestreuen.

Tipp Es gibt Blüten, die durch das Einzuckern eine bräunliche Farbe bekommen. Hier kann Abhilfe geschaffen werden, wenn dem Eiweiß eine Messerspitze Zitronensäure beigegeben wird.

Bunte Blütenbutter

200–250 g weiche Butter

1 Handvoll Blütenblätter, z. B. Gewürztagetes, Ringelblume, Borretsch, Taglilie, Ananassalbei, Speisechrysantheme, Zwiebel, Thymian, Minze, Pelargonie, Rose, Kornblume, evtl. zerkleinert

1 Prise Fleur de Sel

1 Butter luftig aufschlagen, am besten mit dem Handrührgerät. Blütenblätter unterrühren, mit Salz abschmecken.

2 Butter mit Hilfe einer Alufolie oder einem Pergamentpapier zu einer Rolle formen. Im Kühlschrank oder im Tiefkühler fest werden lassen.

Tipp Passt zu Brot und Pasta.

Süße Rosenblütenbutter

100 g weiche Butter

2 Duftrosen oder 1 Handvoll Blütenblätter, z. B. Gewürztagetes, Ringelblume, Borretsch, Taglilie, Ananassalbei, Speisechrysantheme, Zwiebel, Thymian, Minze, Pelargonie, Rose, Kornblume, evtl. zerkleinert

wenig Zucker

einige Tropfen echtes ätherisches Rosenblütenöl, nach Belieben

1 Rosenblütenblätter abzupfen, den weißen Blattansatz abschneiden, übrige Blütenblätter in feine Streifen schneiden.

2 Butter mit dem Handrührgerät luftig aufschlagen, Rosenblütenstreifen unterrühren, mit wenig Zucker und Rosenblütenöl abrunden.

Petite histoire
jardin

Mehr über Blüten

Viele der erwähnten Pflanzen sind im Handel leicht zu bekommen. Weiterhelfen können die folgenden Adressen, die auch Spezialitäten oder ein extra großes Sortiment verschiedener Arten oder Sorten anbieten.

Saatgut von einjährigen Arten:

C. und R. Zollinger
Biologische Samengärtnerei
Route de la Praille 20
1897 Les Evouettes
024 481 40 35
www.zollinger-samen.ch

Wyss Samen und Pflanzen AG
Schachenweg 14
4528 Zuchwil
032 686 68 68
www.wyssgarten.ch

Botanik – Pflanzen & Sämereien
David Müller
Ämtlerstraße 48
8003 Zürich
043 960 19 67
www.botanik-laden.ch
sucht auch Raritäten

Sativa Rheinau AG
Ökologisches Pflanz- und Saatgut
Klosterplatz 1
8462 Rheinau
052 304 91 60
www.sativa-rheinau.ch

Mehrjährige Pflanzen

Le Jardin des Senteurs
Philippe Détraz
Rue de la Dîme 79
2000 Neuchâtel
www.jardin-des-senteurs.ch
Pflanzen in Bioqualität;
Salbeiarten

Gartenpflanzen Daepp
Bärenstutz 7
3110 Münsingen
031 720 14 44
www.daepp.ch
großes Sortiment, auch Sträucher und Bäume, ist auch behilflich beim Suchen von Pflanzen

Gärtnerei Waldhaus
Bernard Brändli
Waldhaus 31
3432 Lützelflüh
034 461 58 70
www.gaertnerei-waldhaus.ch

Gartenbauschule Hünibach
Chartreusestraße 7
3626 Hünibach
033 244 10 20
www.gsh-huenibach.ch
Pflanzen in Bioqualität

Gärtnerei am Hirtenweg
Hirtenweg 30
4125 Riehen
061 603 22 30
www.hirtenweg.ch
Pflanzen in Bioqualität

Garten-Center Grünau AG
Walkestraße 20
4657 Dulliken
062 295 24 35
www.gruenauag.ch

Martin Dietwyler
Staudengärtnerei und
Baumschule
Haselweg 3
5235 Rüfenach
056 284 15 70
www.dieerlebnisgaertnerei.ch
Erlebnisgärtnerei, Pflanzen
in Bioqualität

Einheimische Wildstauden
Die Wildstaudengärtnerei
Patricia Willi
Waldibrücke
6274 Eschenbach
041 448 10 70
www.wildstauden.ch
Pflanzen in Bioqualität

Frei Weinlandstauden AG
Breitestraße 5
8465 Wildensbuch
052 319 12 30
www.frei-weinlandstauden.ch
Pflanzen in Bioqualität,
speziell Tee-, Würz- und
Heilpflanzen

Neubauer GmbH
Biogärtnerei & Naturgärten
Lenzenhausstraße 9
8586 Erlen
071 648 13 32
www.neubauer.ch

www.bioterra.ch/fachbetriebe
hier finden Sie Adressen von
Biogärtnereien in der Schweiz,
nach Kantonen geordnet, die
oft ein gutes Sortiment haben
auch bezüglich Pflanzen mit
essbaren Blumen

Betriebe, die essbare Blüten oder Produkte mit Blumen im Sortiment haben

La Cuisine Fleurie
Grubenstraße 27
8045 Zürich
043 333 03 27
www.lacuisinefleurie.ch
für private Anlässe und Firmen-
anlässe zu mieten, Catering

Marinello & Co AG
Markthalle
Aargauerstraße 1 a
8048 Zürich
www.marinello.ch
Blüten für Gastronomie

Blütenschmaus
Lilo Meier
Kellerweg 65
8055 Zürich
044 450 13 31
www.bluetenschmaus.ch

Speiseblumen Frey
David Frey
Im Amt 2
8605 Gutenswil
079 761 96 68
www.speiseblumen.ch
biologisch-dynamische Blumen

LITERATUR-VERZEICHNIS

Gesellschaft Schweizer Staudenfreunde (Hg.):
Salvien.
Jahrbuch der Staudenfreunde, 2005

Aichele, Dietmar:
Was blüht denn da? Wildwachsende Blütenpflanzen Mitteleuropas.
Kosmos, 1985

Baumann, Uwe und Kathrin Rüegg (Hg.):
Chrysanthema Lahr.
Kaufmann Verlag, 2007

Brown, Kathy u. a.:
Blüten-Kochbuch. Die schönsten Rezepte mit Blüten zum Reinbeißen und Tipps zum Anbau.
Kaleidoskop, 2009

Bürki, Moritz:
Bildatlas Sommerblumen mit Herbstzauber: Anzucht und Verwendung.
Fischer Media, 2000

Cheers, Gordon (Hg.):
Botanica. Das Abc der Pflanzen. 10 000 Arten in Text und Bild.
Könemann, 2003

de Lestrieux, Elisabeth u. a.:
Der Geschmack von Blumen und Blüten.
DuMont, 1993

Erhardt, Walter:
Hemerocallis, Taglilien.
Ulmer, 1988

Hay, Roy u. a.:
Gartenblumen. Die Sommerblumen und Stauden für den Hausgarten.
Ulmer, 1988

Heistinger, Andrea u. a.:
Blüten Orgien.
Typo-Verlag, 2007

Kabitzsch, Martina:
Blütenmenüs. Der Garten bittet zu Tisch.
Thorbecke, 2009

Kräuter Simon, Langenhorn:
Rezeptbroschüre.

Liebenow, Karin und Horst:
Giftpflanzen.
Verlag Enke, 1981

McVicar, Jekka:
Essbare Blüten.
BLV, 1998

Menzel, Peter und Ilse:
Das Kletterpflanzenbuch.
Ulmer, 1988

Messerli, Karin:
Karin Messerlis Blütengeheimnisse. 52 süsse Rezepte mit duftigen Blüten.
Werd Verlag, 1999

ProSpecieRara, Stadtgärtnerei Bern (Hg.):
Schaugarten Elfenau: Renaissance vergessener Zierpflanzen. Informationen zum Projekt. Herkunft und Geschichte der Pflanzen: Zwiebelpflanzen, Zweijährige und Stauden.
Stadt Bern, 2007

Rau, Heide:
Duftrosen.
Gräfe und Unzer, 2007

Rau, Heide und Marion Nickig:
Köstliche Blüten.
Edition Ellert & Richter, 2007

Roloff, Andreas und Andreas Bärtels:
Gartenflora, Band 1, Gehölze.
Ulmer, 1996

Schleiden, Matthias Jacob:
Die Rose, Geschichte und Symbolik.
Verlag Frick, 1976

Tonickova, Eva:
Gemüse.
Werner Dausien 1985

Voss, Bernhard:
Citruspflanzen von Tropisch bis Winterhart: Ein Sortenratgeber mit über 80 Sorten.
Humbach & Nemazal, 1997

Wiegele, Miriam:
Duftpelargonien. Anbau, Pflege, Sorten.
Ulmer, 2000

Zander, Robert u. a.:
Handwörterbuch der Pflanzennamen.
Ulmer, 2000

Autorenporträts

Erica Bänziger

Erica Bänziger ist diplomierte Ernährungsberaterin. Sie bildete sich später zur Gesundheitsberaterin aus. Heute arbeitet sie als selbständige Unternehmerin, Referentin und Ausbilderin. Die Köchin aus Leidenschaft ist eine Pionierin des gesunden Genusses. Von ihr erschienen bereits zahlreiche erfolgreiche Kochbücher.

Ruth Bossardt

Ruth Bossardt ist Fachfrau für Pflanzen und Gärten. Sie arbeitet seit 30 Jahren als Journalistin, Projektleiterin, Gartenbaulehrerin und Kursreferentin im Bereich biologischer Gartenbau. Sie lebt in einem alten Haus mit einem Garten, den sie immer mehr nach ihren Vorstellungen gestaltet.

Register